Cadre légal et institutionnel de la gouvernance des ressources naturelles en R. D. Congo

Études africaines
Collection dirigée par Denis Pryen

Dernières parutions

Euloge Mesmin KOUMBA, *Les techniques de prévention des difficultés des entreprises en droit de l'Ohada*, 2013.
Hugues MOUCKAGA, *Déportés politiques au bagne de Ndjolé (Gabon).1898-1913*, 2013.
Ngimbi KALUMVUEZIKO, *Congo-Zaïre. Les acteurs de l'histoire*, 2013.
Mwamba TSHIBANGU, Alexis KABAMBI, *Étienne Tshisekedi, la trajectoire vers la présidence*, 2013.
Barthélémy NTOMA MENGOME, *La Bataille de Libreville. De Gaulle contre Pétain : 50 morts*, 2013.
Alfa Oumar DIALLO, *Bien enseigner en Afrique, oui, mais avec qui et comment ?*, 2013.
Régine NGONO BOUNOUNGOU, *La réforme du système pénitentiaire camerounais. Entre héritage colonial et traditions coloniales*, 2013.
Augustin TCHAMENI, *Évolutions contemporaines du régionalisme africain*, 2013.
Antoine NGAKOSSO, *Réformes fiscales en Afrique. Le management du changement*, 2013.
Jean-Baptiste NKULIYINGOMA, *Rwanda : le pouvoir à tout prix*, 2013.
Alain Laurent ABOA, Hilaire DE PRINCE POKAM et Aboubakr TANDIA, *Démocratie et développement en Afrique : perspectives des jeunes chercheurs africains*, 2 volumes, 2013.
Fidèle BEKALE B'EYEGHE, *Souveraineté alimentaire en Afrique subsaharienne. Le cas du Gabon*, 2013.
Patrice MOUNDOUNGA MOUITY, *Le NEPAD. Histoire, défis et bilan 10 ans après*, 2013.
Prudent Victor TOPANOU, *Introduction à la sociologie politique du Bénin*, 2013.
Fidèle ALLOGHO-NKOGHE, *Quartiers informels et politiques de la ville*, 2013.
Sadio CAMARA, *La longue marche pour l'indépendance et les libertés démocratiques au Sénégal*, 2013.

Paulin Polepole Buhendwa

Cadre légal et institutionnel de la gouvernance des ressources naturelles en R. D. Congo

Synthèse et analyse des lois, règles et institutions

L'Harmattan

5-7, rue de l'Ecole-Polytechnique, 75005 Paris

http://www.librairieharmattan.com
diffusion.harmattan@wanadoo.fr
harmattan1@wanadoo.fr

ISBN : 978-2-343-01318-3
EAN : 9782343013183

DÉDICACES

À ma compagne de vie, Denise BAGUMA ;

À ma fille Marthe ABIMPA ;

À mon fils Dan KALEMBE ;

Je dédie cet ouvrage.

Remerciements

Nous serions ingrats si nous ne reconnaissions pas la contribution de certaines personnes à la réalisation de cet ouvrage. Nous adressons notre profonde gratitude :

- À Sylvain MAPATANO, coordinateur de la Plateforme DIOBASS au Kivu pour le soutien matériel, financier et moral,
- Au Docteur Wenceslas BUSANE pour avoir accepté de lire et corriger les manuscrits,
- À M. Innocent BALAGIZI pour ses critiques constructives,
- À M. Jean CIZUNGU pour son accompagnement au cours du projet Bonne gouvernance des ressources naturelles,
- Au Dr Pascal ISUMBISHO pour son accompagnement méthodologique,
- Aux membres des comités locaux de gouvernance des ressources naturelles dans les groupements de Bugobe, Ikoma, Nyangezi et Kamanyola pour la collaboration dans la collecte des données sur le terrain
- À toute autre personne non reprise sur cette liste, mais qui a contribué de quelque manière que ce soit à la réalisation de cet ouvrage, nous exprimons notre gratitude de tout cœur.

Nous remercions également le CRDI/Canada (Centre de Recherche pour le Développement International) pour l'appui financier ayant permis la collecte des données dans le cadre du projet « *Bonne Gouvernance des ressources Naturelles* ».

POLEPOLE BUHENDWA Paulin

Préface

Les nombreux et importants enjeux actuels, sociopolitiques, économiques et environnementaux, justifient les réflexions et les analyses autour de la gouvernance des ressources naturelles. Ce besoin se justifie encore plus amplement en République démocratique du Congo, réputée pour son immense richesse en ressources naturelles mais qui contraste de manière criante avec son niveau de développement.

Paulin Polepole a pris le courage de se livrer à cet exercice combien délicat et complexe. En effet, dans quelle mesure et jusqu'où le cadre légal et institutionnel est-il facteur de la gouvernance des ressources naturelles ? L'auteur choisit de rechercher la réponse à travers l'examen de la législation et des pratiques dans trois secteurs clés, à savoir le domaine foncier, le domaine forestier et les ressources en eau. Les textes sont inventoriés dans leur perspective chronologique et finaliste. Les raisons économiques prennent souvent le pas la préservation de l'environnement.

Certains textes sont devenus anachroniques. Il y a peu ou pas de cohérence dans le grand ensemble de la législation relative aux ressources naturelles. Les institutions sont analysées du point de vue de leurs aptitudes et de leur fonctionnalité. Une centralisation excessive est dénoncée. La déconnexion entre les institutions centrales et locales est présentée comme l'une des raisons majeures de l'inefficacité en matière de gestion des ressources naturelles.

Une méthodologie particulière est appliquée dans la démarche. L'analyse institutionnelle et textuelle couplée avec l'enquête sur les connaissances et les pratiques juridiques des acteurs locaux, la formation et l'information sur ces dernières. L'auteur découvre par cette voie des institutions et normes « *sui generis* » de gestion des ressources naturelles.

L'ouvrage est ainsi une mine d'or d'informations sur tout le matériau à partir desquels le législateur, le gouvernement et le chercheur doivent penser la construction d'un modèle plus cohérent et adapté de la gouvernance des ressources naturelles. Tout le mérite revient donc à l'auteur de proposer ainsi cette lecture des limites de la gouvernance susdite.

Cependant, les riches perspectives déjà annoncées exigent d'être davantage élaborées. C'est le cas, parmi tant d'autres, de la proposition de couler par écrit les règles juridiques « locales » ou de formaliser les structures multi institutionnelles « locales » de gestion des ressources naturelles. L'occasion est offerte là, pensons-nous, d'explorer les alternatives sérieuses, mais à la condition de les passer au peigne fin d'une analyse rigoureuse. Par ailleurs, l'auteur a le mérite de ses positions courageuses, même si elles peuvent parfois susciter de la réserve. Tel est par exemple l'affirmation de « la contradiction frontale » entre la loi dite foncière (article 53) et la Constitution de 2006 (article 9) au sujet de la propriété foncière de l'Etat.

Fructueuse carrière à l'auteur !

Wenceslas BUSANE
Vice-recteur aux Affaires Académiques
Professeur de Droit public et administratif

INTRODUCTION

Les ressources naturelles sont plurielles et de diverses formes. Certaines sont épuisables, d'autres sont renouvelables. L'utilisation de l'une ou de l'autre de ces catégories n'est plus libre comme ce fut le cas à une certaine époque, ainsi que le fait remarquer Max Falque[1]. La société humaine instaure des mesures préventives devant guider les actions et les coule en force de lois qui s'imposent *erga omnes* dans un espace défini. Ces lois doivent remplir le rôle protecteur que la société leur assigne et qu'elle attend d'elles. Des restrictions sont instituées pour garantir leur pérennité et leur permanence pour les générations actuelles et celles à venir.

Selon Bonnie Campbell[2], l'expression « Gouvernance » est un terme valise et incertain qui exige d'opter dès le départ pour une clarification. Rappelons qu'elle renvoie étymologiquement à la notion de « gouvernement ». Appliquée au monde contemporain, on peut donc la considérer comme la mise en cohérence des différents pouvoirs, publics et privés, pour créer les conditions d'une gestion publique (au sens de « rendue publique », « publicisée »), donc transparente, équitable, cherchant à optimiser la satisfaction des attentes des usagers (devenus citoyens), tout en respectant les différentes contraintes collectives, et enfin « soutenable », c'est-à-dire permettant une exploitation pérenne des ressources naturelles.

La gouvernance est l'ensemble des mécanismes qui contribuent à aligner la réalité du fonctionnement d'une organisation sur les objectifs qui lui sont assignés.

---

[1] Max Falque, *Droit de propriété et environnement*, Dalloz, Paris, 1997, p. 20 et ss.

[2] Bonnie Campbell, *An overview of governance*, Inédit, 2000, pp. 6-13.

Ces informations, essentielles au pilotage de l'organisation, contribuent aussi à la réduction de l'asymétrie d'information entre les parties prenantes. Par cette réduction, il est donc possible d'envisager une diminution des conflits et des rapports de force au sein de la communauté.

Le modèle du tableau de bord prospectif (*balanced scorecard*) constitue un exemple d'approche formalisée pour intégrer et gérer simultanément les différentes facettes d'un processus[3].

La gouvernance des ressources naturelles qui nous intéresse dans le cadre de ce travail, réfère spécifiquement à tous les processus de prise de décisions impliquant la gestion, le contrôle, les lois et règlements ou normes, l'implication et la participation des parties prenantes, la définition des sanctions et leurs applications, etc. Ce qui est recherché, c'est l'utilisation durable des ressources naturelles, ainsi que le partage des bénéfices et avantages de manière équitable entre tous les membres de la communauté. Jean Philippe Platteau illustre le débat doctrinal entre tenanciers de la tenure privée et de la tenure publique[4].

Selon Richard Bennett et Robert J. Nicholson, le pape Benoît XVI et l'organisation vaticane enseignent qu'aucune propriété privée n'est à proprement parler personnelle, mais que les biens appartiennent à tous. Son prédécesseur, Jean-Paul II, avait affirmé qu'en réalité, sur la propriété privée pèse une hypothèque sociale, c'est-à-dire que sa fonction est

3 Alain Fernandez, *Balanced scorecard ou tableau de bord prospectif*, consulté le 30 juin 2012 sous le lien http://www.piloter.org/balanced-scorecard/index.htm.

4 Jean Philippe Plateau, *Droit de propriété et gestion efficace des ressources naturelles*, Iddri, Paris, 2003, pp. 9 et 10.

intrinsèquement sociale, en vertu du principe de « la destination universelle des biens »[5].

Les pouvoirs (politiques) interviennent pour réguler l'appropriation et l'utilisation, et assurer la pérennité de la ressource car les usagers actuels ont obligation de la léguer aux générations futures. De manière générale, la gestion des ressources naturelles revient à l'Etat ou à ceux qui ont le pouvoir et l'autorité au sein des communautés.

Ce travail se propose de faire un état des lieux de la législation régissant les ressources naturelles en République démocratique du Congo. L'objectif est d'expliquer comment la législation influe sur la gouvernance des ressources naturelles.

Problématique

Les ressources naturelles en République démocratique du Congo subissent une dégradation grandissante, au point que l'on se pose des questions sur l'existence et l'efficacité du cadre légal qui les gouverne. Populations et responsables politiques et politico-administratifs, autant que les chefs coutumiers, n'arrivent pas à freiner la destruction des ressources naturelles, même lorsque cela relève de leur devoir. Si l'on considère que la République démocratique du Congo dispose de lois et

---

5 Richard Bennett et Robert J. Nicholson, *La papauté et sa politique économique : propriété collective et vol*, consulté le 05 juillet 2012 sous le lien http://www.bereanbeacon.org/articles_french/La_papaut%E9_et_sa_politique_%E9conomique.pdf ; voir aussi Max Falque, *Droit de propriété et environnement*, Dalloz, Paris, 1997, p. 25.

institutions pour la protection des ressources naturelles, celles-ci sont-elles efficaces ? Ces lois sont-elles connues, acceptées et appliquées par les autorités (institutions et individus) et la population ? Les institutions disposent-elles de pouvoirs nécessaires pour protéger les ressources naturelles ?

Ce travail se propose de trouver des réponses et des orientations à ces préoccupations, et à d'autres à intervenir en cours de l'analyse.

Considérant que les ressources sont multiples et plurielles, nous nous intéresserons seulement à la terre (sol), aux arbres (et forêts) et à l'eau. Cette dernière fera l'objet de notre attention dans la mesure où elle est liée à la terre arable, et non quand elle est considérée comme ressource autonome.

Méthodologie

La réalisation de ce travail s'est faite à deux niveaux : la revue de la littérature et l'analyse des textes légaux ont constitué le niveau théorique. Cette analyse des textes légaux relève de la méthode juridique telle que vue par Axel de Thaux[6]. Pour lui, la méthode juridique consiste à analyser les textes des lois qui existent en suivant leur hiérarchie, en commençant par les plus puissantes et, pour le cas de la République démocratique du Congo, la Constitution, ensuite les lois ordinaires, les Ordonnances du président de la République, les Décrets du

[6] Axel Thaux, Imre Kovalovszky et Nicolas Bernard, *Précis de méthodologie juridique*, Publication des Facultés Universitaires Saint-Louis, Bruxelles, 2000, p. 35 et ss.

Premier ministre, les Arrêtés et Règlements des ministres, et gouverneurs des provinces, etc.

Etant donné que ce travail est réalisé dans une approche de Recherche-Action, nous nous sommes inspiré de Jacques Chevalier et Daniel Buckles[7], qui soutiennent que la recherche doit être liée à des interventions en cours ou anticipée, et qu'elle doit être menée par ou avec les personnes concernées. Dans cette optique, nous avons été avec les responsables des institutions en charge de la gouvernance des ressources naturelles et d'autres acteurs de la Société civile dans quatre Groupements – Bugobe, Ikoma, Karhongo et Kamanyola –, le premier dans la Chefferie de Kabare, Territoire du même nom ; les trois autres dans la Chefferie de Ngweshe, en Territoire de Walungu. Les animateurs des Postes d'encadrement administratif et autres acteurs n'ont pas été écartés. Le site de Nyangezi comporte le Poste d'encadrement administratif de Nyangezi, qui comprend deux Groupements : ceux de Luciga et de Karhongo. Nous précisons que le projet ne s'est exécuté que dans le Groupement de Karhongo, qui a 269 km^2 et compte 67.000 habitants. Le Poste d'encadrement administratif de Kamanyola s'étend sur 14 localités, totalisant 7,88 km^2. Le Poste d'encadrement administratif d'Ikoma comprend, lui, deux Groupements : ceux d'Izege et d'Ikoma. Le Groupement de Bugobe est d'une superficie de 20 km^2, pour 31.973 habitants.

Les échanges dans ces sites étaient l'occasion, pour les acteurs précités, de prendre connaissance de certains textes légaux et d'en découvrir d'autres. D'autre part, nous y avons trouvé l'occasion d'apprendre les pratiques par rapport aux lois.

---

[7] Jacques M. Chevalier et Daniel J. Buckles, *Guide sur la recherche collaborative et l'engagement social,* Ed. ESKA, Paris, 2009, p. 21.

Cette démarche a été précédée par l'examen au préalable des conventions et traités internationaux signés et/ou ratifiés, et soutenue par celui des considérations coutumières en application dans les milieux concernés.

Pour faciliter la compréhension de nos analyses, nous avons jugé utile de porter un regard sur les lois en vigueur et celles abrogées. Cette démarche présente l'avantage de situer la politique foncière de la République démocratique du Congo au cours des différentes phases de son histoire.

La présentation de notre travail sera articulée sur quatre grands points, à savoir : la législation foncière avant et après l'indépendance ; la législation forestière avant et après l'indépendance ; le régime juridique de l'eau, et enfin les autorités et leurs compétences.

Hypothèses

1. La République démocratique du Congo dispose d'un arsenal juridique capable de régir la bonne gouvernance des ressources naturelles, mais la pratique s'en détourne. Les lois ne sont pas appliquées, parce qu'elles ne sont pas connues, tant par ceux qui doivent les appliquer que par ceux sur qui elles doivent s'appliquer. Le système d'élaboration des lois ne permet pas aux communautés de les adopter car ces dernières ne sont pas associées à leur conception et à leur élaboration. Ces lois ne répondent dès lors pas à leurs aspirations, et sont considérées comme des instruments des autorités pour exercer leurs pouvoirs.

2. La charpente institutionnelle ne favorise pas la bonne gouvernance des ressources naturelles. Les administrations sont trop fortement hiérarchisées et concentrées au niveau provincial, au point que le niveau local se trouve paralysé s'il n'y a pas autorisation de la hiérarchie.

Première partie

DU DOMAINE FONCIER

Le concept « *foncier* » désigne à la fois la terre et ce qu'elle porte dans ses limites administratives, y compris les plantes et les cours d'eau. Il est donc parfois difficile de parler des arbres sans parler du fonds qui les porte. La terre est pourtant une ressource naturelle en elle-même.

Cette partie traite des questions relatives à la terre en tant que ressource particulière. A ce niveau, il faut apprécier l'effort législatif qui soumet à des régimes juridiques différents les forêts et les arbres, régis par le code forestier ; la terre, régie par le code foncier, et l'eau, soumise à une législation particulière. Mais, la sagacité du législateur n'arrive pas toujours à trancher de manière absolue la législation qui régit ces différentes ressources naturellement indissociables.

Selon Phil René Oyono[8], l'histoire des institutions foncières de la République démocratique du Congo se lit à travers trois périodes bien distinctes. La première séquence est la période coloniale, dont la caractéristique dominante se trouve dans la construction et la mise en œuvre des stratégies légales de dépossession des droits à la terre. A la période de l'indépendance correspond la seconde séquence majeure de l'histoire des institutions de tenure en République démocratique du Congo. Ses moments clefs et leurs traits distinctifs ont été le « maintien du régime foncier colonial » (1960-1973) et la

---

[8] Phil René Oyono, La tenure foncière et forestière en République démocratique du Congo : une question critique et vue centrifuge. Une revue de la littérature, Rapport d'étude effectué pour le compte de RRI, Inédit, Yaoundé, 2011, p. 11.

« rupture avec le régime foncier colonial » (1973 et au-delà). La troisième séquence est enclenchée par la « seconde réforme » postindépendance du régime foncier congolais, dont les marqueurs sont le développement du cadastre minier et le développement du cadastre forestier.

Nous sommes motivés à commencer cette analyse par la législation sur la terre du fait qu'elle est le support des autres ressources naturelles auxquelles nous ferons allusion par la suite.

Chapitre premier

EVOLUTION DE LA POLITIQUE FONCIERE EN R.D. CONGO

La politique foncière de la République démocratique du Congo se lit à travers les différentes lois édictées par l'autorité politique, lesquelles sont des outils pour exécuter sa politique et orienter l'action des citoyens dans un domaine bien déterminé. Qu'il s'agisse des institutions mises en place ou des orientations à prendre, elles s'appuient et justifient leur existence par celle d'un texte juridique qui leur donne droit d'exister et d'être opérationnelles en s'imposant *erga omnes*.

La politique foncière actuellement en vigueur en République démocratique du Congo a ses racines dans la conception et la législation coloniale ; sinon, les effets de la législation coloniale ont des manifestations encore visible à ces jours. C'est pourquoi, nous pensons qu'il importe de jeter un regard rapide sur la législation qui a gouverné le domaine foncier à l'époque coloniale.

Section 1. De la gestion foncière avant l'indépendance

Avant l'indépendance, le système foncier en place distinguait entre terres indigènes et terres appartenant à la colonie. Les terres indigènes ou terres des indigènes étaient celles que ces derniers cultivaient, où ils habitaient et exerçaient toutes les activités vitales. Dans la réglementation, ces terres étaient presque considérées comme ayant une moindre valeur sur le plan économique parce qu'elles étaient exploitées de manière artisanale et essentiellement pour la satisfaction des besoins vitaux des communautés. L'occupation, la possession et l'exploitation des terres ont été organisées par la loi depuis les temps qui ont précédé l'accession de la République démocratique du Congo à l'indépendance.

En 1885, après la Conférence de Berlin, une ordonnance de l'Administrateur général au Congo interdisait les contrats et conventions passés avec les indigènes pour l'occupation, à un titre quelconque, de parties du sol. Selon cette ordonnance, ces contrats et conventions ne pouvaient être reconnus par le gouvernement et protégés par lui que s'ils étaient passés par l'intervention de l'officier public commis par l'Administrateur général et d'après les règles que ce dernier édicterait dans chaque cas particulier.

Dans le même contexte, en 1886, un décret de l'Administrateur général prévoyait l'enregistrement et le mesurage des terres par un décret[9]. L'article 1er de ce décret prévoyait que le Conservateur devait enregistrer les terres que les indigènes avaient cédées ou céderaient à des particuliers, pourvu que leur cession eut été autorisée ou approuvée par l'Administrateur général au Congo.

A cette époque, on recourait déjà à l'usage du certificat d'enregistrement comme document attestant les droits sur la

---

[9] Arrêté de l'Administrateur Général au Congo – *Enregistrement et mesurage des propriétés privées du 8 novembre 1886*, Bulletin Officiel, 1886, p. 804.

terre ou sur l'immeuble. Le décret précité en fait mention de manière claire en son article 2[10].

Le Décret royal de 1887 a évolué dans le même sens. Cependant, il reconnut que les indigènes souffraient parce qu'ils n'avaient pas accès à toutes les techniques que prévoyait le Décret du 08 novembre 1886. Le Roi voulut protéger leurs droits et décréta qu'aucune disposition ne devrait y porter atteinte tels que reconnus par les dispositions antérieures[11].

S'agissant des terres domaniales, le contenu du Décret du 22 mars 1910, modifiant le Décret du 09 août 1893, renseigne que ces terres étaient dans le négoce. Ce décret reconnaissait et protégeait les droits des communautés indigènes du Congo à récolter les produits forestiers (fruits et champignons) hormis les arbres, dont la récolte était régie par des dispositions spéciales. Même quand ces terres étaient cédées aux particuliers, les droits des indigènes étaient respectés et on ne pouvait pas les restreindre ou les méconnaitre par le nouvel acquéreur[12].

En 1934, un décret réglementait l'accès à la terre, dont le processus devait commencer par les enquêtes de vacance des terres. Ces enquêtes se font dans un but double. D'abord, libérer de l'obligation d'une nouvelle enquête les cessions et

---

[10] L'article 2 de ce Décret est ainsi libellé : « Un certificat d'enregistrement contenant une description aussi complète que possible de l'immeuble et indiquant toutes les charges, servitudes et obligations dont il est grevé, sera délivré au propriétaire de toute terre enregistrée ».

[11] Décret du Roi Souverain sur le bornage des propriétés privées – *Occupation des terres – Coupe des bois sur les terres domaniales*, Bulletin Officiel, 1887, p. 90.

[12] Décret du 22 mars 1910 sur la récolte des produits végétaux dans les terres domaniales, Bulletin Officiel, 1910, p. 334.

concessions portant sur les terres domaniales qui, ayant fait retour au domaine de la colonie ou redevenues disponibles, sont, endéans cinq ans, l'objet d'une nouvelle demande. Durant ce délai, l'occupation des indigènes y était dorénavant interdite. Ensuite, mettre les natifs à l'abri de l'esprit de lucre des particuliers sans scrupules qui tenteraient d'acquérir à vil prix leurs droits fonciers. Sauf en certains cas exceptionnels où ils n'étaient autorisés à les céder qu'à la colonie[13]. Dans ce cas, prévoyait l'article 13 de ce décret, seule la colonie pouvait conclure des contrats avec les indigènes et, en corollaire, pouvait conclure avec les particuliers après les avoir acquis auprès des indigènes.

Sur le plan formel, la transaction sur les terres indigènes était réglementée par l'article 2 de l'Ordonnance du 26 janvier 1935, selon lequel les indigènes étaient représentés par les chefs, notables et anciens ayant, d'après la coutume, le droit de prendre les engagements que comporte le contrat. Dans chaque cas, les autorités indigènes définies par la législation sur les circonscriptions indigènes, assistées, le cas échéant, de leurs conseils, étaient appelées à donner leur avis, dont il était fait mention dans le contrat.[14]

Vu l'étendue du Congo, qui ne permettait pas de contrôler facilement toute la superficie, le Roi avait mis en place une politique lui permettant d'assurer la colonisation de manière permanente et partout. Il avait notamment procédé à la concession gratuite des terres à des colons ; c'est ce qu'on

---

[13] Rapport du Conseil colonial, in Pierre Piron et Jacques Devos, *Codes et lois du Congo Belge*, Tome III, Matières sociales et économiques, 8e éd., Editions de l'Académie Royale des Sciences Coloniales, Bruxelles, 1959, p. 778.

[14] Ordonnance 10/A.E/T, portant contrat relatif aux terres indigènes, modifié par l'Ordonnance n° 42/243 du 4 août 1949.

appela « *petites colonisations* ». Celle-ci permettait à chaque bénéficiaire d'assurer la colonisation sur les terres qui lui étaient concédées.[15]

C'est dans ce cadre que furent institués le Comité spécial du Katanga (qui existait déjà vers les années 1900) et le Comité national du Kivu.

§1. Du Comité national du Kivu

Le Comité national du Kivu était une association dotée de la personnalité juridique créée par l'Arrêté royal du 10 août 1950[16]. Selon l'article 1er de cet arrêté, le Comité national du Kivu avait son siège à Bruxelles et des succursales en Belgique ou au Congo. L'activité de cette association se limitait dans le territoire où elle exerçait ses activités d'exploitation minière. Elle avait en charge l'exploitation et la gestion des forêts domaniales. Elle avait le droit de gestion des terres appartenant au domaine privé de la colonie et comprises dans les limites du district du Kivu.

L'association avait pour objet :

1. L'étude de la région dans laquelle elle exerce ses droits fonciers, en vue du développement de l'agriculture, de l'élevage et de la colonisation agricole européenne ;

---

[15] Décret du 28 octobre 1942 – *Cession et concession gratuites en vue de favoriser la colonisation*, B.A., 1942, p. 2143. En 1953, cette politique fut étendue aux Congolais qui étaient favorables à la colonisation.

[16] Arrêté royal du 10 août 1950 – *Comité national du Kivu – Statuts – Coordination*, Bulletin Officiel, 1950, p. 624.

2. L'aménagement des terres les mieux appropriées pour cette colonisation ainsi que leur lotissement en vue de l'établissement des colons ;
3. La gestion des terres vacantes et, éventuellement, leur mise en valeur ;
4. La prospection forestière des territoires délimités et la création d'un service forestier, dont l'organisation sera soumise à l'approbation du ministre des Colonies, et qui suivra les directives techniques de la colonie ;
5. L'exploitation des forêts, en vue des besoins industriels et autres, soit directement, soit par des concessionnaires auxquels l'association concédera le droit de couper les bois ou d'exploiter les forêts, dans les conditions prévues par la présente convention et d'un règlement général qui sera approuvé par l'Arrêté royal ;
6. L'exploitation des carrières et des mines.

Le régime juridique de l'octroi des cessions et concessions sur les terres domaniales a été établi par l'article 15 de la loi du 18 octobre 1908 (Charte coloniale), modifié par la loi du 05 mars 1912 et remplacé par l'Arrêté loi du 19 mai 1942[17].

Il y était fait une nette distinction entre la « cession », qui désigne un acte impliquant le transfert de la propriété, et la « concession », qui désigne un acte impliquant seulement le transfert du droit de jouissance. Selon que l'on se trouvait en présence de l'un ou l'autre mode d'attribution de droits, les règles applicables variaient tant en ce qui concerne les règles de compétence qu'en ce qui concerne les règles de fond.

Dans le régime général des cessions ou concessions, pour favoriser la colonisation (Décret du 13 janvier 1947), la

[17] Bulletin Officiel du 21 mai 1942, p. 278.

compétence était dévolue au gouverneur général pour autant que la superficie à concéder ou à céder n'excédait pas 5 hectares si la destination était résidentielle, et 100 hectares pour une destination agricole ou d'élevage.

Ce régime était limité aux terres rurales, et l'acte de cession ou de concession ne pouvait intervenir qu'après une occupation provisoire et une mise en valeur au moins partielle.

En 1943, on octroyait gratuitement des concessions aux associations scientifiques, philanthropiques ou religieuses et aux institutions d'utilité publique, à concurrence de dix hectares. Ceci dans le but de promouvoir la recherche scientifique et de respecter la liberté de culte [18].

Le Décret royal du 12 juin 1951 prévoyait que nul ne pouvait s'installer sur les terres indigènes en vue de s'y livrer à une activité commerciale, industrielle, agricole ou d'élevage, même avec le consentement des indigènes qui s'y trouvent, sauf exception prévue par l'article 2 dudit décret[19]. La protection des terres occupées par les indigènes se confirmait par l'Ordonnance n° 42/312 du 19 octobre 1951 qui prévoyait les

---

[18] Décret du 22 avril 1943 – *Cession et concession gratuites aux associations scientifiques et religieuses et aux établissements d'utilité publique*, Bulletin officiel, 1943, p. 84 ; voir aussi Ordonnance n° 238/A.E/T du 28 juillet 1943 – Règles à observer pour l'introduction en vertu du Décret du 22 avril 1943, demande de concession ou des cessions gratuites, Bulletin annuel, 1943, p. 1028.

[19] Décret royal du 12 juin 1951 – *Occupation illégale des terres*, Bulletin Officiel, 1951, p. 412 ; modifié par le Décret du 15 octobre 1953, Bulletin Officiel, 1953, p. 1887 ; L'article 2 du Décret du 12 juin 1951 est ainsi libellé : « *Toutefois, les administrateurs, chef de territoires peuvent, dans les limites de leurs ressorts administratifs, autoriser l'installation sur les terres occupées par les indigènes, des personnes qui sollicitent l'autorisation de s'y livrer à des activités commerciales* ».

formalités à remplir pour les enquêtes relatives à la constatation des droits indigènes sur les terrains d'une superficie maximum de 50 ares, dont l'occupation était demandée à titre temporaire[20].

C'est à partir de 1953 que furent introduites les différentes formes du droit moderne. Le Décret du 23 février 1953 avait reconnu aux Congolais la possibilité d'avoir des concessions sur les terres dans les centres extra-coutumiers et les cités indigènes. Le rapport des travaux préparatoires de ce Décret renseigne que les buts poursuivis étaient de :

1. Permettre aux habitants établis d'une manière stable dans la localité de devenir propriétaires ou de prendre en location les terrains nécessaires à leurs résidences, à leur commerce, à leur industrie ou à leur petite exploitation agricole ou maraîchère ;
2. Garantir ces avantages au plus grand nombre ;
3. Empêcher que la destination des terrains ne soit modifiée ;
4. Rendre impossible la spéculation, l'accaparement et l'abandon des parcelles[21].

En 1960, la tendance à la sécurisation foncière s'accroît par un nouveau décret sur le mesurage et le bornage des terres. Ce décret sera le premier à décharger officiellement les terres

---

[20] Ordonnance du gouverneur général au Congo, 19 Octobre 1951, p. 2267.

[21] Extrait du Rapport des travaux préparatoires rendu par Monsieur Sohier, Bulletin Officiel, 1953, p. 436 ; voir aussi le Décret du 23 février sur la cession et concession des terres dans les centres extra-coutumiers et les cités indigènes, Bulletin Officiel, 1953, p. 450.

occupées par les indigènes de l'obligation de mesurage et de bornage[22].

L'alinéa 3 de l'article 1er de ce décret, *in fine*, disposait : « *Les terres occupées coutumièrement par les populations indigènes ne tombent pas sous l'application du présent Décret* ». Mais l'alinéa 2 de cet article était catégorique : « *Les terres soumises au régime de la propriété privée doivent être mesurées et bornées officiellement* ». Et l'alinéa 1er ne laissait échapper aucun cas. Selon ce dernier, en effet, « *Les terres détenues à tout autre titre devraient être mesurées et bornées officiellement si le gouverneur de province, ou le chef du service du Cadastre délégué, le prescrit* ».

§2. Du Comité spécial du Katanga

Le Comité spécial du Katanga est une émanation de l'Etat indépendant du Congo et de la Compagnie du Katanga. Il a été créé le 29 juin 1900 pour gérer en commun les biens *indivis* de l'Etat et de la Compagnie de manière à ouvrir le Katanga au commerce et à l'industrie. Il était dirigé par six membres, dont quatre désignés par l'Etat et deux par la Compagnie[23].

Le Comité spécial du Katanga n'exploitait pas directement ses mines et ne gérait pas lui-même son domaine, qu'il laissait ouvert à l'initiative privée, et ses revenus étaient constitués des dividendes de son portefeuille, des redevances minières, des

---

[22] Décret du 20 juin 1960 – *Mesurage et bornage des terres*, Moniteur Congolais, 1960, p. 2044.

[23] Convention entre l'Etat Indépendant du Congo et la Compagnie spéciale du Katanga, Bulletin Officiel, p. 168.

produits de location et de la vente des terrains, ainsi que des ventes de coupe des bois[24].

A la lecture des textes qui régissaient le domaine foncier à l'époque coloniale, il se dégage que les terres étaient suffisamment sécurisées sur le plan juridique. L'autorité était sévère et appliquait sans faille la politique foncière. Ceci peut s'expliquer par le fait que le pouvoir du colonisateur ne pouvait souffrir d'aucune légèreté de la part de la population, dont le rapport avec le colonisateur était plus que celui de maître et serviteur.

A cette époque existaient les moniteurs agricoles, qui encadraient la population dans les manières de cultiver ; les techniques de lutte antiérosive étaient pratiquées, dont les haies anti érosives, les courbes de niveaux sur les pentes. Il existait également une politique propice à la conservation de l'environnement car, des types spécifiques de cultures étaient réservés à des zones géographiques précises ou à des types de terrains adaptés. Les saisons culturales étaient par ailleurs respectées.

Malheureusement, ces politiques, les modes culturaux, etc., aussi merveilleux fussent-ils, n'avaient pas été coulés en un texte juridique. Les connaissances que nous en avons aujourd'hui découlent de l'histoire narrée par les plus anciens des villages, soutenant leurs propos sur les vestiges. Sur le site appelé Luvumbu, à Ikoma, par exemple, on voit encore les restes des aménagements tracés et réalisés sous l'autorité du pouvoir colonial.

---

[24] http://www.congoposte.be/19320211.htm, consulté le 13 juin 2012.

Section 2. Mécanismes transitionnels

Le passage de la période coloniale à l'indépendance a été caractérisé par des institutions juridiques particulières dans la gestion foncière. Certaines personnes avaient acquis les fonds sous l'ancien régime, leur acquisition ayant été conforme au système de l'époque ne pouvait pas être remise en cause, et ce en vertu du principe des droits acquis conformément aux lois en vigueur.

Par la fin de la colonisation, les anciens propriétaires étrangers avaient abandonné leurs terres, les laissant parfois sans maîtres. Parallèlement, l'Etat avait mis en place des mécanismes de confirmation des anciens droits par leurs propriétaires. Il s'agissait de s'acquitter de certaines obligations. Le défaillant perdait ses droits, qui revenaient automatiquement à l'Etat par voie de reprise. Ces aspects sont développés dans les lignes qui suivent.

§1. La théorie des droits acquis

Selon les prescrits de l'article 369 de la Loi foncière[25], tout droit de propriété foncière qui a été acquis régulièrement par les Zaïrois, personnes physiques, avant l'entrée en vigueur de cette loi, est converti, pour autant qu'il ait été matérialisé par une *mise en valeur* conforme aux lois et règlements, en un droit de concession perpétuelle, telle que réglée par les articles 80 à 108.

---

[25] Cet article a été modifié et complété par l'article 4 de la Loi 80-008 du 18 juillet 1980, modifiant et complétant la Loi 73 -021 du 20 juillet 1073, portant régime général des biens, régime foncier et immobilier et régime des sûretés.

Le même droit de concession perpétuelle est reconnu à ceux des Zaïrois qui :

1. Avaient une concession se rapportant à un projet d'investissement, conformément au Code d'investissement et conventions s'y rapportant ;
2. Avaient une concession à caractère industriel portant sur des terres urbaines ou rurales, jusqu'à la partie qui aura été effectivement mise en valeur ;
3. Avaient une concession à caractère agricole dont la mise en valeur porte au moins sur une superficie de 50 hectares ;
4. Avaient une concession dont la mise en valeur n'a pas été réalisée ou est considérée insuffisante et qui prouvaient s'être trouvés dans l'impossibilité d'assurer cette mise en valeur soit par cas fortuit, soit par force majeure ;
5. Avaient une concession dont la mise en valeur et l'occupation avaient été poursuivies d'une manière régulière et ininterrompue en l'absence de toute réattribution dans le cadre de la Loi du 7 juin 1967 et de l'Ordonnance du 14 septembre 1972[26] ainsi que de leurs mesures d'exécution.

Sont confirmées, pour autant que leur terme ne soit pas échu, les concessions qui avaient été acquises régulièrement avant l'entrée en vigueur de la Loi du 20 juillet 1073, et qui ont fait l'objet d'une mise en valeur conforme aux lois et règlements en vigueur au moment de leur acquisition.

---

[26] Il s'agit de l'Ordonnance-loi 66-343 du 7 juin 1966 et de l'Ordonnance 72-365 du 14 septembre 1972.

Celles dont la durée est inférieure à la durée maximum prévue pour les concessions ordinaires de même nature expireront au terme convenu initialement.

Dans le cas où leur durée excède le terme maximum prévu pour les concessions ordinaires de même nature, cette durée y est ramenée.

Ces concessions sont convertibles en concession perpétuelle aux conditions de cette loi et de ses mesures d'exécution.

§2. Droit de reprise par l'Etat

Certains droits fonciers étaient automatiquement acquis à l'Etat pour cause de reprise ou d'abandon.

Selon les prescrits des articles 167 et 392 de la Loi foncière, après les dix années qui suivent la signature des conventions portant concession, feront retour d'office à l'Etat les terrains qui n'auront pas été mis en valeur dans les conditions minima prévues par les dispositions générales sur la concession des terrains ou par les clauses du contrat.

Tous les droits fonciers et immobiliers qui ont fait retour à l'Etat en vertu d'une disposition légale et réglementaire prise en application de l'Ordonnance-loi du 7 juin 1966[27] et de la Loi du 31 décembre 1971[28] et de leurs mesures d'exécution, font définitivement partie du domaine privé de l'Etat.

---

[27] Ordonnance-loi 66-343, du 7 juin 1966.
[28] Loi 71-009, du 31 décembre 1971.

Section 3. Après l'indépendance

Après les indépendances, beaucoup de nouveaux gouvernements, notamment celui de la République démocratique du Congo, trouvèrent la coexistence des systèmes traditionnel et moderne inappropriée. Ils promulguèrent de nouvelles législations. Mais, ces législations, au lieu d'être des innovations, étaient, pour les nouveaux gouvernements, une façon d'affirmer leur autorité. Ce qui a conduit à de nombreux abus, dont la confiscation des terres indigènes.

La Loi du 7 juin 1966[29] annule toutes les cessions et concessions accordées par le pouvoir colonial avant le 30 juin 1960, date de l'indépendance de la République démocratique du Congo. Elle marque la rupture d'avec le système foncier hérité de la colonisation et consacre la nationalisation du sol. Au terme de cette loi et de ses mesures d'application, il était accordé aux anciens propriétaires la possibilité d'introduire de nouvelles demandes auprès du gouvernement congolais qui était devenu l'autorité nationale incontestable. Toutes les parties des terres pour lesquelles il n'avait été reçu aucune demande étaient considérées comme biens abandonnés desquels seul l'Etat était propriétaire.

L'idée de confier à l'Etat d'importants pouvoirs en matière du sol n'a pas été l'apanage de la seule République du Congo, même si elle est allée plus loin en nationalisant de manière constitutionnelle le sol. Plusieurs pays africains, comme le Sénégal et la Côte d'Ivoire, ont aussi accordé à leurs Etats respectifs d'importants droits. Selon le professeur F. Haumont, ce sont les organismes internationaux qui ont souligné

[29] Loi 66-343, dite « Loi Bakajika », du nom du député qui l'avait initiée.

l'importance de l'intervention de l'Etat dans les problèmes fonciers. « *L'idée était que si le pays voulait se développer économiquement, il devait pouvoir non seulement disposer des terres nécessaires à ce développement, mais aussi, lorsqu'il en concédait l'usage, assurer la sécurité juridique de cet usage* ».[30]

En 1974, la Loi du 11 janvier transfère à l'Etat la propriété des entreprises agricoles, agro-industrielles, la propriété des carrières, des briqueteries et de grandes unités commerciales déterminées par l'Etat, qui appartiennent soit à des personnes physiques ou morales étrangères, soit à des sociétés de droit zaïrois dont le capital est détenu en partie ou en totalité par des étrangers.[31] Cette loi avait effet rétroactif parce que son article 3 prévoyait qu'il sortait ses effets le 1er décembre 1973, et elle était publiée au Journal Officiel une année après ses effets.

Par la suite, l'Etat obligea à tous les étrangers de céder leurs terres aux Congolais en application de la Loi 009-73 du 5 janvier 1973 particulière sur le commerce et des mesures économiques du 30 novembre 1973.[32]

Après cela, les dirigeants reviennent à la morale et à la justice et décident de remettre aux anciens propriétaires les biens qui

---

30 Haumont, François, *Les instruments juridiques de la politique foncière*, Bruxelles, Story Scientia, 1990, p. 197 et ss.

31 Ordonnance-loi 74-019, du 11 janvier 1974, portant transfert à l'Etat de la propriété de certaines entreprises privées, J.O.Z., n° 13, juillet 1975, p. 655.

32 Arrêté interdépartemental CAB/EN/0043/74, du 6 septembre 1974, portant règlement sur la reprise par les nationaux Zaïrois des activités commerciales, industrielles, agricoles et agro-industrielles exercées par les étrangers en application de la Loi 009-73, J.O.Z., 1er janvier 1975, p. 13.

avaient été « zaïrianisés ».[33] La loi entre en application mais l'Etat ne peut, pour d'évidentes raisons d'ordre économique faire rentrer les anciens propriétaires dans leurs pleins droits. Néanmoins l'Etat n'a pas désarmé dans sa lutte pour maîtriser la gestion des terres. En 1998, le ministère des Finances et Budget a entrepris de nouvelles démarches et pourchasse pour que l'Etat reprenne les terres que possèdent les Congolais qui n'ont jamais payé leurs redevances à l'Office de gestion de la dette publique (*Ogedep*), institution désignée pour percevoir ces dus.[34]

Après quelques années d'hésitation sur la *constitutionnalisation* ou non de ce droit exclusif de propriété au profit de l'Etat, l'option est enfin levée à la Saint-Sylvestre : une nouvelle loi vient modifier la Constitution et prévoit la constitutionnalisation de la nationalisation des terres.[35] Depuis lors, les constitutions qui se sont succédé ont repris en des termes identiques l'idée que le sol et le sous-sol constituent la propriété exclusive de l'Etat.

La Loi du 20 juillet 1973, telle que modifiée par la Loi du 18 juillet 1980, met en œuvre la disposition constitutionnelle. Son

---

[33] Loi 77-027 du 17 novembre 1977, portant mesures générales de rétrocession des biens zaïrianisés ou radicalisés, J.O.Z., 1er janvier 1978, p. 8.

[34] Arrêté ministériel 027/CAB/MIN/FIN/98 du 28 mai 1998, portant définition des modalités de reprise par l'Etat des unités zaïrianisées, et Arrêté ministériel 037/CAB/MIN/FIN/98 du 14 octobre 1998, portant création de la Commission d'enquête et d'évaluation des biens zaïrianisés.

[35] Il s'agit de la Loi 71-008 du 31 décembre 1971, portant révision de la Constitution du 24 juin 1967, qui insère un article 14 bis dans la Constitution, et dont l'article 1er est ainsi libellé : « *Le sol et le sous sol, ainsi que leurs produits naturels, appartiennent à l'Etat* ».

article 53 est ainsi libellé : « *Le sol est la propriété exclusive, inaliénable et imprescriptible de l'Etat* ».[36]

Cette disposition est le fruit du Premier Congrès ordinaire du Mouvement Populaire de la Révolution (MPR) : voir le Conseil législatif national « *terminer rapidement l'élaboration de la loi fixant les modalités du régime foncier et minier* ». Elle a été élaborée conformément aux articles 14, 14 bis et 46 de la Constitution et aux directives et options fixées par le Bureau politique du Parti.

Ce régime juridique que nous venons d'esquisser ne s'appliquait pas aux terres dites « indigènes ». Car, parallèlement au régime foncier applicable aux terres domaniales et intéressant les non-indigènes, toute une législation s'était développée, destinée à faire respecter les droits d'occupation des « indigènes » et à organiser un régime de propriété pour ces derniers. Etant donné la caducité de ces textes, il est peu intéressant de s'y arrêter.

Les premières tentatives visant à modifier les règles ci-dessus rappelées datent de 1966, avec l'ensemble des dispositions communément connues sous la dénomination de « Loi Bakajika ». L'objectif avoué de ces textes était de redonner à l'Etat la plénitude de ses droits sur les terres domaniales en annulant notamment le pouvoir de céder ou de concéder les terres domaniales qui avait été attribuées à certains Comités comme le Comité national du Kivu et le Comité spécial du Katanga. Dans la même optique de lutte contre les pouvoirs concédants concurrents et les compagnies qui avaient bénéficié

---

[36] Loi 73-021 du 20 juillet 1973, modifiée par la Loi 80-008 du 18 juillet 1980, portant régime général des biens, régime foncier et immobilier et régime des sûretés.

de grandes concessions ou cessions et qui abusaient de leurs droits en gelant les terres au mépris de l'intérêt général, sont intervenues la Loi constitutionnelle du 31 décembre 1971[37] et la Loi du 31 décembre 1971[38]. Néanmoins, le bouleversement opéré dans ce domaine par la consécration constitutionnelle du principe « de la propriété de l'Etat sur le sol » ne fut pas pleinement opérationnel en dépit des nombreuses modifications intervenues dans les mesures d'exécution.[39]

La Constitution de la République démocratique du Congo du 18 février 2006 dispose en son article 9 que l'Etat exerce une souveraineté permanente notamment sur le sol, le sous-sol, les eaux et les forêts, sur les espaces aérien, fluvial, lacustre et maritime congolais, ainsi que sur la mer territoriale congolaise et sur le plateau continental. Cette disposition exprime la volonté de l'Etat d'être l'autorité qui a le pouvoir suprême sur les ressources naturelles. Mais on observe que dans cette Constitution, l'Etat ne s'est donné d'autres pouvoirs que ceux qui lui étaient dévolus dans les régimes antérieurs. En effet, dans les constitutions qui ont succédé à la loi dite Bakajika, l'Etat était le propriétaire exclusif et imprescriptible du sol et du sous sol.

Certains auteurs se posent la question de savoir si, en énonçant autrement sa disposition relative au sol et au sous-sol, la Constitution du 18 février 2006 avait voulu simplement briser la

---

[37] Loi 71/008 du 31 décembre 1971.

[38] Loi 71/009 du 31 décembre 1971.

[39] Georges Kalambay L., Régime foncier et immobilier, Kinshasa, PUZ, 1985, p.63 et ss. ; voir également V. Kangulumba, M. et alii, La loi du 20 juillet 1973 portant régime général des biens, régime foncier et immobilier et régime des sûretés au Congo. Trente ans après : quel bilan ? Essai d'évaluation, Louvain-la-Neuve, Academia Bruylant et Ed. Kazi, Kinshasa, 2004, p. 137.

monotonie ou changer fondamentalement le régime juridique congolais sur la question.[40]

Pour les uns, ce texte constitutionnel constituerait une avancée significative pour le processus de normalisation du pays, et le dote d'un instrument juridique et de sécurité sans précédent. Par contre, pour les autres, il s'agirait d'un texte façonné à « l'étranger » et taillé sur mesure au profit de certains individus. Par ces dispositions obscures et difficilement interprétables, l'objectif inavoué serait de déposséder les nationaux de leurs droits essentiels de survie, de ressusciter certains contentieux tel celui dit « belgo-congolais ». Les anciens propriétaires terriens qui avaient perdu les droits fonciers pourraient revenir pour réclamer la réhabilitation dans leurs droits. Enfin, la Constitution serait trop libérale, ce qui est contraire aux traditions africaines.

Pour nous, la conséquence directe d'une telle législation est évidemment de rendre les propriétaires plus responsables de la gestion de leurs fonds, sous l'œil du pouvoir public qui devra veiller à ce que chacun respecte les orientations qu'il prend pour la bonne gestion des ressources naturelles. Le droit de propriété reprend toute sa plénitude pour les particuliers qui se situent au même niveau que l'Etat, à condition que l'Etat leur garantisse l'effectivité de cette option.

L'essentiel n'est pas que la terre appartienne à tel ou tel. Mais, il suffit que l'Etat exerce sa souveraineté pour faire appliquer les mesures qui protègent les ressources naturelles et qui assurent leur utilisation de manière durable.

---

[40] Gary Sakata, L'Etat congolais conserve-t-il sa souveraineté exclusive sur le sol et le sous-sol ? Analyse de l'article 9 de la Constitution du 18 février, 2006, Inédit, 2008, p. 7 et ss.

Chapitre II

DES SYSTEMES FONCIERS

La question foncière se trouve à la croisée des secteurs entre agriculture, environnement (forêt, terres arables) et habitat. Dans les pays anciennement colonisés, le système foncier est régi par une survivance des modes traditionnels à côté du mode moderne, c'est-à-dire, d'une part par la coutume et, d'autre part par le droit moderne. La République démocratique du Congo connaît bien cette réalité. C'est pourquoi nous allons analyser séparément chacun de ces deux systèmes, à savoir le système traditionnel et le système moderne.

Section 1. Les systèmes traditionnels

Dans les systèmes traditionnels, l'accès à la terre n'est pas libre. Au départ, toutes les terres appartiennent au chef : dans la plupart des cas, c'est le *Mwami* (pour le cas de notre zone d'étude). Celui-ci a la charge d'assurer la vie de tout son peuple, en disponibilisant pour lui le capital vital qui est la terre. Le chef (terrien) a, en plus, la charge de sécuriser et de protéger les terres de son peuple contre les invasions étrangères et toutes autres formes d'occupation ou d'exploitation par des étrangers qui viendraient les occuper sans son accord.

Certains auteurs estiment que ces systèmes sont en crise. C'est le cas de François Failloux et de Lee Talbot. Mais d'autres en doutent[41]. Ils soutiennent que ces systèmes ont fait preuve d'une très grande souplesse en s'adaptant progressivement à une population croissante, selon le modèle classique prêché par la théorie économique. Ces systèmes traditionnels de gestion foncière collective évoluent de plus en plus vers l'appropriation privée. Si tel est le cas, doit-on vraiment se préoccuper du foncier dans le cadre, par exemple, des programmes d'enregistrement des droits fonciers, ou n'est-il pas préférable de laisser évoluer les systèmes traditionnels s'ils s'adaptent bien au changement ? La preuve de cette adaptation est qu'il y a certaines institutions qui ont existé dans le système traditionnel et qui se sont maintenues dans le système moderne. Il s'agit entre autres de l'occupation et de la mise en valeur. Nous allons voir plus tard leur effet sur l'environnement. Mais nous commencerons par examiner les modes d'accès à la terre. Il s'agit de la propriété, de la donation, du métayage et de l'héritage.

§1. Modes d'accession à la terre dans le système traditionnel

1. Le « Bushige »

C'est le mode le plus ancien et le plus répandu dans le système traditionnel.[42] Il a été opérationnel avant la colonisation et se pratique encore aujourd'hui dans les milieux ruraux.

---

[41] François Failloux et Lee Talbot, *Crise et opportunité, environnement et développement en Afrique*, Paris, Maisonneuve, 1992, p. 233.

[42] Système dans lequel n'intervient aucune influence du système moderne, et qui se base sur la coutume.

Dans ce système, le « chef terrien »[43] accepte un sujet sans possibilité de payer les droits fonciers coutumiers d'occuper sa terre pour y vivre et y effectuer l'agriculture. Le bénéficiaire appelé « *Mushizi* » ou « *Mwambali* » observe certaines obligations telles que donner les prémices de ses récoltes, offrir régulièrement de la boisson, etc. le « *Mushizi* » ne peut rien faire sans préalablement se référer à don bienfaiteur (le propriétaire terrien) pour toute question sociale[44]. Mais aujourd'hui, cette valeur a été revue à la hausse, bien qu'elle demeure déterminée en considération des possibilités du bénéficiaire ou de l'étendue concédée. Ce mode de jouissance de la terre est caractérisé par la précarité car le bénéficiaire peut à tout moment être expulsé sans recours pour des motifs justifiés ou non. Tout dépend du bon vouloir et de l'état de ses relations avec son bienfaiteur.

2. Le « Kalinzi »

Il y a « *Kalinzi* » lorsque le citoyen paye auprès du chef ou d'un ayant droit une redevance foncière coutumière. Le prix payé est appelé *kalinzi*. La valeur est fonction de l'étendue attribuée. En principe, elle est évaluée en termes de vaches. Mais aujourd'hui, le système est en évolution et le prix se paie en monnaie. Il suffit de spécifier que l'argent est perçu comme prix de « *Kalinzi* » Dès que le bénéficiaire a payé la redevance coutumière en termes de « *kalinzi* » il devient de plein droit le propriétaire du droit de jouissance sur le terrain.

---

[43] Entendre ici par « chef terrien », l'autorité coutumière ou un citoyen qui a régulièrement acquis les droits fonciers auprès du chef.

[44] Il convient de préciser que cette pratique est valable chez les Bashi, dans la province du Sud-Kivu.

Aussitôt que le bénéficiaire a payé ce prix, le cédant envoie un « *Muganda* » qui est un sage très proche du chef, pour aller délimiter le champ à céder. Une fois que celui-ci aura fait le tour du champ à concéder, ce dernier est acquis de plein droit par le bénéficiaire et fit partie de son patrimoine ; il pourra le léguer à ses héritiers de générations en générations.

3. Le « Bwimo » (l'héritage)

La terre est un bien qui fait partie du patrimoine d'une personne. En tant que telle, elle revient de plein droit aux héritiers du propriétaire à sa mort. Mais il faut souligner que les héritiers ne peuvent se prévaloir de leurs droits que si le *de cujus* était propriétaire reconnu et incontesté.

4. Le « Bwassa »

La propriété de terre n'est pas l'apanage de tout le monde. Seuls, quelques membres de la communauté ont la chance d'en posséder, soit par « bénédiction naturelle » ou par acquisition à la suite d'un effort de travail. Naturellement, ce sont les familiers du chef qui possèdent la gestion des terres. Ceux des membres de la communauté qui n'ont pas de terres à eux peuvent solliciter de l'espace auprès de ceux qui en possèdent, pour une période donnée, moyennant paiement d'une chèvre. Le bénéficiaire est moralement soumis à adopter une attitude de reconnaissance et à rendre les services qui lui seront demandés par son hôte. Le bénéficiaire est appelé « *mushizi* ».

5. Des droits fonciers collectifs

A côté des droits individuels, existent des droits collectifs qui sont reconnus par la loi foncière en vigueur. Cette loi, en ses articles 387 à 389, prévoit que les terres occupées par les communautés locales deviennent, à partir de l'entrée en vigueur de la loi précitée, des terres domaniales. Les terres occupées par les communautés locales sont celles que ces communautés habitent, cultivent ou exploitent d'une manière quelconque, individuelle ou collective, conformément aux coutumes et usages locaux. Les droits de jouissance régulièrement acquis sur ces terres seront réglés par une Ordonnance du président de la République.

G. Malengreau[45], parlant du collectivisme traditionnel comme fondement des droits fonciers des communautés locales, dit que le droit coutumier est un droit en relation constante avec l'homme pris individuellement ou inscrit dans un Groupement bien déterminé où la primauté d'une volonté d'appropriation collective rend le fond intangible et attaché au groupe, chaînon vital reliant les morts, les vivants et les êtres à venir. D'où, son inaliénabilité, son incessibilité, son caractère indivisible même.

En effet, les buts des collectivités traditionnelles sont concentrés sur certaines valeurs dépassant les intérêts individuels de ses membres. Les valeurs visées sont : la perpétuité, la permanence et la cohésion du groupe. Pour l'auteur précité, les collectivités indigènes sont des groupements vivants en ce sens qu'ils englobent et les membres actuels, et les membres passés, ainsi que les membres futurs auxquels le fonds appartient collectivement.

---

[45] G. Malengreau, *Les droits fonciers coutumiers chez les indigènes du Congo : Essai d'interprEtation juridique*, Inédit, 1974, pp. 135-136 ; voir aussi Kouassigan, *L'homme et la terre*, Paris, Berger-Levrault. 1966, p. 12 et ss ; voir également Biebuyck, *Le problème des terres du Congo dans ses rapports avec les systèmes fonciers traditionnels*. Synthèses 14, 1960, pp. 78-90.

Selon la coutume, bien que les terres des communautés indigènes soient collectives, elles sont en fait morcelées entre les membres de la communauté grâce à des occupations individuelles ou familiales. La terre devient nécessairement l'objet de la relation juridique entre les membres de la communauté, relations qui doivent être régies par les usages locaux. Le législateur crée pour les terres occupées par les communautés indigènes un régime spécial, en ce sens qu'il fait régir ces terres par les usages locaux, quel que soit le statut juridique des membres de la communauté. « *Il jette ainsi le droit coutumier sur les terres indigènes, comme un manteau protecteur dont elles ne peuvent être dépouillées* ».[46]

Cette proposition de Heyse est rejetée tout de suite par Colle. Pour lui, il ne peut être question de la propriété foncière des cultures, elle n'existe pas ; la terre appartient à la communauté. Le père n'a que le droit exclusif d'usufruit des vaches et des terres lui concédées par le chef, gérant de la fortune commune.[47]

Section 2. Le système moderne ou droit écrit

Comme dit ci-haut, il y a des mécanismes ou institutions du système traditionnel qui subsistent dans le droit moderne. Il s'agit notamment des modes d'accès à la terre. Leur subsistance s'expliquerait logiquement par le respect des pratiques coutumières, et s'inscrivent également dans les efforts de

---

[46] Th. Heyse, *Le domaine de l'Etat*, in « Les Novelles », Droit colonial, t. 1, Les Editions Edmond Picard, Bruxelles, décembre 1931, p. 291 et ss.

[47] Père Colle, *Essai de monographie chez les Bashi*, Inédit, Bukavu, 1971, p. 91.

l'unification du droit qui visent à intégrer les institutions coutumières dans le système du droit écrit. Les deux systèmes ne se rejettent pas.

§1. Modes d'accès à la terre en droit moderne

Le Code foncier, en ses articles 49 et 51, prévoit les modes d'acquisition des biens en droit moderne. Selon les dispositions précitées, la propriété des biens s'acquiert et se transmet par donation entre vifs, par testament, par succession et par convention. L'accession, l'incorporation, la prescription acquisitive, l'occupation des choses perdues, la découverte d'une chose, constituent d'autres modalités d'acquérir la propriété. S'agissant de la propriété, les analystes comme Nobirabo[48], et conformément à la loi, conviennent que la propriété foncière n'existe plus réellement avec le nouveau Code foncier. En fait, les droits fonciers accordés par l'Etat aux personnes physiques ou morales sous forme de concession sont, au plan juridique, une variante « arrangée » des droits de jouissance. La preuve juridique de la concession est le titre, qui matérialise la procédure de son enregistrement. Dans les sociétés modernes, la distribution des ressources naturelles est organisée par des lois qui, parfois, comportent des aspects ou des considérations coutumières. Mais certains aspects coutumiers sont en train de disparaître progressivement, laissant

---

[48] Nobirabo, Dépossession des droits fonciers des autochtones en RD Congo: Perspectives historiques et d'avenir, Document 3, in « Forest Peoples Programme » ; voir le même auteur, Les droits fonciers et les peuples d'Afrique Centrale : Perspectives historiques, juridiques et anthropologiques, in « Forest Peoples Programme », Moreton-in-Marsh., 2008. ; voir aussi Pèlerin, Etude sur la problématique foncière au Nord-Kivu – République démocratique du Congo. Rapport final, GRET, Nogent sur Marne, 2010, p. 54 et ss.

place aux pratiques du droit écrit, telle la pratique de sécurisation foncière.
Les modes d'accès aux ressources naturelles sont :

1. Les contrats

A. L'achat

L'achat est une opération juridique qui fait passer un bien d'un patrimoine (qui en reçoit le prix convenu) à un autre (qui en paye le prix). Il permet à l'acquéreur de devenir propriétaire d'un droit après s'être mis d'accord avec le propriétaire et avoir payé le prix. Mais nous devons souligner que, peuvent être achetés uniquement les biens qui sont dans le commerce. Ceci sous-entend l'exclusion de l'achat des biens du domaine public de l'Etat comme les terres domaniales. En outre, on ne peut acheter qu'entre les mains du propriétaire ou de la personne ayant qualité pour le faire. Dans le domaine immobilier, en République démocratique du Congo, on ne peut acheter que les droits sur la terre, et non la terre elle-même.

B. La donation

La donation est l'acte par lequel une personne, de son vivant, donne à une autre, qui accepte, un bien qui lui appartient. Ces deux actes supposent que celui qui offre ou qui lègue soit le propriétaire du bien objet de legs ou de don. Dans le domaine foncier, la donation est réglementée en République démocratique du Congo par la loi du 22 février 1977[49].

---

[49] Ordonnance 77-040 du 22 févr. 1977, fixant les conditions d'octroi des concessions gratuites en faveur des Zaïrois qui ont rendu des services éminents à la Nation, in Journal Officiel Zaïrois, n° 11, du 1er juin 1977, p. 347.

C. L'échange

Par l'échange, une personne donne à une autre un bien contre un autre bien qui remplace dans son patrimoine le bien qu'il vient d'offrir. De manière générale ces biens sont de valeurs égales ou proches et de nature à se remplacer l'un et l'autre. Les opérateurs sont des propriétaires ou des personnes ayant qualité de le faire.

L'échange est réglementé par la Loi foncière, notamment en son article 237, qui prévoit que lorsque c'est en vertu d'un échange, d'un partage ou d'un autre contrat emportant des prestations immobilières réciproques, le conservateur opère des mutations : il dresse à son livre et délivre aux parties autant de nouveaux certificats qu'il y a de nouveaux concessionnaires ou de nouveaux propriétaires. En cas de mutation partielle, le Conservateur remplace le certificat de l'aliénateur par autant de nouveaux certificats qu'il y a de droits en présence.

D. Les concessions

A ce stade, nous ne parlons pas encore des concessions forestières, qui seront analysées dans un chapitre séparé plus loin. Nous allons cependant analyser succinctement chacune des formes de concessions dans les lignes qui suivent.

1) Sortes de concessions

On distingue deux sortes de concessions : la concession ordinaire et la concession perpétuelle[50].

---

[50] Article 61 de la Loi foncière.

a. Les concessions ordinaires

La concession est le mode classique d'acquisition des terres en droit moderne. Par cette voie, le requérant adresse sa demande auprès de l'autorité compétente qui examine la demande et l'évalue suivant la procédure prévue par les lois spécifiques telles que nous allons le voir dans les lignes qui suivent. Mais nous allons spécifiquement nous intéresser aux terres rurales qui intéressent particulièrement notre étude.

Aux termes de la Loi foncière[51], les concessions ordinaires sont : l'emphytéose, la superficie, l'usufruit, l'usage et la location. Nous allons étudier ces droits un à un.

i. L'emphytéose

Selon la Loi foncière, l'emphytéose est le droit d'avoir la pleine jouissance d'un terrain inculte appartenant à l'Etat, à la charge de mettre et d'entretenir le fonds en valeur et de payer à l'Etat une redevance en nature ou en argent. Ce droit ne peut être établi pour un terme excédant vingt-cinq ans.

Le législateur confère à l'emphytéote des droits larges lui permettant de tirer plein bénéfice de son droit[52].

---

[51] Article 109 de la Loi foncière.

[52] L'emphytéose est organisée par 13 articles (110 à 122). Son bénéficiaire jouit des larges prérogatives, mais avec des orientations précises : il peut en exploiter les bois, à la charge de les aménager en taillis, comme un bon propriétaire, ou de faire des plantations pour les remplacer utilement. Il peut aussi en changer la destination ou la nature pour en augmenter la valeur.

ii. La superficie

Elle est le droit de jouir d'un fonds appartenant à l'Etat et de disposer des constructions, bois, arbres et autres plantes qui y sont incorporés. Elle ne peut pas être établie pour une durée excédant vingt-cinq ans.[53] En pratique, à part la pleine jouissance sur le fonds, le législateur n'indique pas une ligne de démarcation entre ces deux modes de concession, au point qu'on peut les confondre car ils ont le même contenu. La différence entre les deux apparaît au niveau de la nature du fonds concédé. Pour l'emphytéose, il s'agit d'un fonds inculte que le bénéficiaire doit mettre en valeur et entretenir. Quant à la superficie, le législateur n'exige pas que le fonds soit inculte. Ce qui veut dire qu'il s'agit d'un fonds préalablement mis en valeur ou aménagé. Le bénéficiaire ne viendra qu'en jouir.

iii. L'usage

L'usage d'un fonds est le droit que l'Etat reconnaît à une personne d'en jouir soi-même avec sa famille, soit en y habitant, soit en y créant des entrepôts pour soi-même. Il ne peut être concédé pour un terme excédant quinze ans.[54]

Cette définition légale mérite encore d'être précisée. En effet, en Afrique, la famille n'est pas le petit groupe familial composé de père, mère et quelques enfants comme c'est le modèle européen. En Afrique, l'expression « famille » désigne l'ensemble des personnes qui ont un lien de sang ou d'affiliation, même lointain. Il est difficile d'envisager que le législateur a eu cet entendement. Le concept « famille » ne fait

---

[53] Articles 123 à 131 de la Loi foncière.
[54] Articles 141 à 143 de la Loi foncière.

pas l'objet de la présente étude. Nous laissons la précision y relative aux études spécifiques s'y rapportant.

iv. La location

Par la location, l'Etat s'oblige à faire jouir une personne d'un terrain, moyennant un certain prix que celle-ci s'oblige à lui payer. Sa durée est de trois ans[55]. Ce genre de contrat est généralement appliqué sur les terres urbaines comme phase préliminaire durant le processus d'obtention du certificat d'enregistrement. Il est renouvelable une fois, sous condition de mise en valeur effective du fonds loué.

v. L'usufruit

L'usufruit concédé par l'Etat à une personne sur un fonds est le droit pour elle d'user et de jouir de ce fonds, comme l'Etat lui-même, mais à charge de l'usufruitier de le conserver dans son état. L'usufruitier a le droit de jouir des fruits naturels, civils et industriels que peut produire le fonds. Selon la loi, sa durée est de 25 ans renouvelables[56].

Cette concession a fait l'objet de discussions doctrinales convergentes la considérant comme la mieux achevée. Pour Jacques Sambon[57], l'habitat est, somme toute, la petite sœur de l'usage, qui n'est lui-même que le petit frère de l'usufruit.

---

[55] Article 144 de la Loi foncière.

[56] Articles 132 à 140 de la Loi foncière.

[57] Jacques Sambon, *L'usufruit, un modèle pour le droit d'usage du patrimoine environnemental ?*, in François Ost et alii, « *Quel avenir pour le droit de l'environnement ?* », Publications des Facultés universitaires Saint-Louis – VUB-Press, 1996, p. 173.

Ainsi, les règles inhérentes à celui-ci sont applicables aux deux premières.

L'usufruit s'inscrit nécessairement dans la pluralité des sujets de droit. Il institue une relation particulière entre titulaires des droits spécifiques : l'usufruitier et le nu-propriétaire. Mais dans la législation moderne, l'on pourrait se poser la question de savoir qui est le nu-propriétaire. C'est ici que le droit moderne fait jonction avec le droit coutumier. La terre n'appartient à personne, elle constitue un bien collectif pour la communauté prise dans sa globalité. Tout compte fait, étant donné que l'Etat a la charge de protéger, d'assurer la pérennité des ressources naturelles, il doit user de sa souveraineté pour faire observer à chacun les normes d'utilisation durable et rationnelle. Il jouerait là, dès lors, le rôle du nu-propriétaire.

L'Etat, en tant que nu-propriétaire, aurait ainsi pour obligation de s'abstenir de tout acte qui aurait pour effet direct ou indirect de porter atteinte à la jouissance de l'usufruitier. Il ne peut, dès lors, sans le consentement de l'usufruitier, endommager le bien grevé d'usufruit, en changer la destination, en modifier la forme, etc. Ainsi, le nu-propriétaire est lui-même obligé d'assurer la conservation de la chose à sa manière, puisqu'il est tenu de ne pas nuire au droit de l'usufruitier.

En effet, dit Benoît Jadot[58], l'*abusus* de la chose ne lui appartient pas pendant la durée de l'usufruit.

---

[58] Benoît Jadot, *L'environnement n'appartient à personne et l'usage qui en est fait est commun à tous. Des lois de police règlent la manière d'en jouir*, in François Ost et S. Gutwirth, *Quel avenir pour le droit de l'environnement ?*, Publications des Facultés universitaires Saint-Louis, 1996, pp. 93 à 143.

L'usufruitier, quant à lui (ici, la communauté), est soumis à la prohibition de l'*abusus*, au respect de la destination des biens concernés et à l'obligation d'en jouir en bon père de famille. Cette dernière obligation veut dire que l'usufruitier doit jouir de la chose avec les soins qu'un homme « consciencieux » apporte à la gestion de ses propres biens en tant qu'utilisateur diligent et soigneux. Cette obligation se traduit encore dans le devoir de conservation et d'entretien des biens grevés d'usufruit[59].

Cette exigence de la jouissance respectueuse nous renvoie spontanément à l'exigence du développement durable qui balise le droit de l'environnement, c'est-à-dire l'exigence d'un encadrement des modes de jouissance et de prélèvement dans des voies qui préservent les capacités de régénération des ressources naturelles.

Il faut remarquer que cette argumentation doctrinale n'est pas à l'abri de toute critique. Il convient, en effet, de noter que l'usufruit est un droit viager et que la communauté locale considérée dans son ensemble en tant que peuple n'étant pas susceptible de mourir, ce caractère viager ne permet pas l'application de l'usufruit aux problèmes fonciers des communautés locales. Par contre, nous retenons que ce type de droit foncier offre des potentialités susceptibles de garantir la conservation de la nature et le respect des droits fonciers des communautés locales. Dans tous les cas, la doctrine devrait continuer les recherches pour parvenir à une théorie plus élaborée.

[59] *Les Pandectes belges*, t. 129, n° 2382, « Usufruit et Usage », Bruxelles, Larcier, 1936, p. 59.

Enfin, nous pensons que l'Etat, en reconnaissant aux populations locales un droit d'« *usufruit perpétuel* » sur les fonds et les ressources naturelles, aura emprunté la voie de la solution, sinon il aura trouvé la solution.

Pour toutes sortes de concession, si après dix ans dès la signature du contrat, les terrains qui n'auront pas été mis en valeur feront d'office retour à l'Etat[60].

b. La concession perpétuelle

La concession perpétuelle est le droit que l'Etat reconnaît à une personne physique de nationalité congolaise, de jouir indéfiniment de son fonds aussi longtemps que sont remplies les conditions de fond et de forme prévues par la Loi foncière[61].

c. Conditions de concession des terres rurales

Les terres rurales d'une superficie de plus de dix hectares destinées à un usage agricole ou à l'élevage ne peuvent être concédées si elles n'ont pas été occupées en vertu d'un titre d'occupation provisoire pendant un terme de cinq années[62].

Toutefois, l'autorité compétente pourra concéder les terres avant l'expiration de ce terme si les conditions de mise en valeur auxquelles sera subordonnée l'acquisition du droit de concession se trouvent réalisées tel que prévu dans le contrat.

---

[60] Article 167 de la Loi foncière.
[61] Articles 80 à 108 de la Loi foncière.
[62] Le titre provisoire dont allusion ici est le contrat de location.

Le droit d'occupation provisoire est consenti par contrat aux conditions suivantes :

i. L'occupant paiera, pendant les cinq années d'occupation provisoire, *un loyer* progressif avec un maximum égal à cinq pour cent du prix de la concession du terrain à partir de la quatrième année.

   A l'expiration des cinq années prévues au contrat, et suivant ce qui en a été convenu, les terres occupées provisoirement et mises en valeur seront concédées à l'occupant au tarif en vigueur lors de la signature du contrat d'occupation provisoire.

ii. La mise en valeur

Cette condition est capitale dans le monde rural. Il en est question avec plus de précision plus loin.

a. Acquisition par jugement

Une personne qui est partie au procès dans un litige portant sur la propriété d'un immeuble peut en acquérir la propriété si elle est désignée ainsi par décision du juge ou jugement. A partir du moment où le jugement acquiert force de chose jugée, la personne deviendra propriétaire incontestable du droit concerné.

b. Acquisition par héritage

Dans le cadre de l'héritage, on considérera le cas de testament et le cas où le *de cujus* n'a pas laissé de testament. Le Code de la famille[63] règle déjà ces différents cas. Dans le premier cas, on parlera de l'héritier testateur, et dans l'autre cas, il s'agit du successeur légal. La première situation donne lieu au legs, qui est une voie par laquelle une personne qui décède donne ses biens en totalité ou en partie à une autre personne de son choix.

L'héritage est un mode par lequel une personne qui décède transmet ses biens à ses héritiers. La Loi foncière prévoit que sous réserve du régime des terres[64], les mutations par décès ne peuvent être opérées qu'en vertu d'une ordonnance du juge du Tribunal de Grande Instance de la situation de l'immeuble[65]. La requête de l'héritier ou légataire doit être publiée dans un ou plusieurs journaux de l'Etat à désigner par le juge. L'ordonnance d'investiture n'est rendue qu'après examen de tous actes ou documents propres à justifier le droit de l'impétrant, telles mesures d'instruction qu'il appartient à la vigilance du magistrat de prescrire. Le Procureur de la République doit donner son avis par écrit.

L'ordonnance d'investiture doit être rendue dans les quatre mois à compter du jour où ont paru les journaux dans lesquels la requête a été publiée.[66]

---

[63] Loi 87-010 du 1er août 1987, portant Code de la famille, J.O.Z., numéro spécial, 1er août 1987.

[64] Le régime des terres dont question est prévu à l'article 210 de la Loi foncière.

[65] Article 233 de la Loi foncière.

[66] L'ancienne disposition a été abrogée par l'article 2 de la Loi 80-008 du 18 juillet 1980, modifiant et complétant la Loi 73-021 du 20 juillet 1973 portant régime général des biens, régime foncier et immobilier et régime des sûretés.

c. Le fait de la loi

Par disposition légale accordant un droit à une personne physique ou privée, le bénéficiaire ne peut être inquiété ou troublé dans la jouissance des droits qui lui sont reconnus par la loi. Cette situation est arrivée en droit congolais par l'institution du droit de reprise par l'Etat. Celui-ci devenait propriétaire incontestable des terres qui étaient reprises par lui. Il est le cas aussi pour les terres qui appartiennent à l'Etat, qu'il s'agisse du domaine public de l'Etat ou du domaine privé de l'Etat.

d. De la propriété foncière en République démocratique du Congo

En République démocratique du Congo, l'article 53 de la Loi foncière dispose que : « *Le sol est la propriété exclusive, inaliénable et imprescriptible de l'Etat* ». Et l'article 7, alinéa 1er du Code forestier *prévoit* que les forêts constituent la propriété de l'Etat.

De ces deux dispositions, on peut déduire que les communautés locales ne peuvent plus prétendre au droit de propriété sur les terres ou sur les forêts qu'elles occupent, car elles sont déjà la propriété de l'Etat. Ces communautés ne peuvent obtenir que les concessions sur ces terres. Ceci est, d'ailleurs, valable pour chaque Congolais pris individuellement.

§2. Orientations pour les conflits fréquents affectant les droits fonciers

Le législateur s'est employé à prévoir des solutions pour quelques conflits les plus fréquents en matière foncière[67].

Le concessionnaire qui a fait des constructions, ouvrages ou plantations avec des matériaux ou des végétaux qui ne lui appartenaient pas doit en payer la valeur ; il peut aussi être condamné à des dommages-intérêts s'il y a lieu ; mais l'ancien propriétaire des matériaux ou des végétaux n'a pas le droit de les enlever.

Cette solution ne recouvre pas certaines réalités du Bushi. Prenons le cas où, une personne planterait des arbres sur le fonds d'une autre. Ce ne sont pas des constructions, mais des plantes qui occupent le fonds pour une longue durée. La loi ne dit pas si le propriétaire du fonds devient *ipso facto* propriétaire des arbres, ou bien si c'est celui qui y a planté les arbres qui devient propriétaire du fonds.

Dans la pratique du Bushi, la plantation d'arbres ou de bananiers sur un fonds est un acte d'appropriation. En conséquence, le propriétaire d'un fonds qui voit son fonds être planté d'arbres se voit contraint de le perdre. Mais nous pensons que, par extension, on peut y appliquer les principes prévus par le Code foncier en cas de construction sur un terrain d'autrui.

Lorsque des constructions, ouvrages ou plantations ont été faits par un possesseur de bonne foi, avec des matériaux ou des

---

[67] Certaines solutions de principe sont prévues par le législateur aux articles 22 à 27 de la Loi foncière.

végétaux lui appartenant, l'Etat ou le concessionnaire du fonds ne peut en exiger la suppression : il doit rembourser au possesseur, soit la valeur des matériaux ou des végétaux et le prix de la main-d'œuvre, soit la plus-value qui en est résulté pour le fonds. Si celui qui a fait les travaux est un possesseur de mauvaise foi ou un détenteur précaire, l'Etat ou le concessionnaire a le choix, ou d'exiger la suppression des constructions, ouvrages et plantations, aux frais de l'auteur, et des dommages-intérêts, s'il y a lieu, ou de lui rembourser soit la dépense, soit la plus-value, comme il est dit ci-dessus.

Lorsque l'Etat ou le concessionnaire d'un fonds, en y faisant une construction ou autre ouvrage, a empiété de bonne foi sur le fonds du voisin, celui-ci ne peut exiger la suppression de l'empiètement s'il est établi que le dommage qu'il éprouve est notablement inférieur à celui que le constructeur subirait par suite de la démolition.

En ce cas, le juge attribue l'empiètement au constructeur à titre de droit réel, moyennant une indemnité à payer au voisin.

Sera toujours présumé de mauvaise foi, celui qui aura empiété notamment :

1. Sur un terrain urbain loti ;
2. Sur une terre rurale dont les limites étaient matérialisées par des signaux, poteaux, clôtures ou autres moyens nettement perceptibles ;
3. En dépassant ses limites, alors que son terrain était loti et cadastré, ou délimité comme il est dit au 2° ci-dessus ;
4. En ayant obtenu sa concession par quelque fraude à la loi ou aux droits acquis des tiers.

Toute personne intéressée peut produire la preuve que l'empiètement est de mauvaise foi.

L'atterrissement ou relais qui se forme à la rive d'un lac ou d'un cours d'eau navigable ou flottable appartient à l'Etat. Celui qui se forme à la rive d'un cours d'eau non navigable ni flottable appartient aussi à l'Etat.

L'île ou îlot qui se forme dans le lit d'un lac ou d'un cours d'eau, navigable, flottable ou non, appartient à l'Etat.

L'île ou îlot qui se forme non par alluvion, dessèchement ou exhaussement du lit, mais par un nouveau bras qui traverse et entoure le fonds d'un concessionnaire riverain, fait partie de la concession.

Chapitre III

LE DROIT MODERNE ET LA SECURISATION FONCIERE

Section 1. Procédure d'accès à la terre

Dans le système moderne, la procédure pour accéder à la terre est explicitement prévue par la loi dite « Loi foncière ». La procédure part de la demande, suivie de l'enquête, qui finit par la constitution ou la mutation des droits.

§1. De la demande

Les demandes de concession de terres sont adressées à l'autorité compétente, sous pli recommandé, avec accusé de réception[68].

Toute personne qui désire être titulaire de droit foncier doit adresser une demande au Conservateur des titres immobiliers, qui accuse réception.

La demande doit comporter les éléments ci-après :

1. l'identité complète, la profession, la nationalité du requérant, sa résidence ; lorsque le requérant agit par mandataire, celui-ci doit fournir tous les renseignements permettant la vérification de ses pouvoirs ;
2. s'il s'agit d'un bail, la durée pour laquelle la location est sollicitée ;

---

[68] Article 190 et suivants de la Loi foncière.

3. la destination que le requérant entend donner au terrain, ainsi que le programme établi pour en réaliser la mise en valeur ;
4. S'il s'agit d'un terrain loti, le numéro sous lequel ce terrain figure au plan parcellaire ; si le terrain n'est pas loti, le requérant doit joindre à sa demande :

   a) Un plan indiquant la configuration du terrain et les longueurs des limites, ainsi que toutes autres dimensions ayant servi au calcul de la superficie du terrain ; les éléments de repérage du terrain par rapport à des accidents du sol, à des constructions ou à des ouvrages d'un caractère permanent, etc. ; les cours d'eau, routes ou sentiers traversant, le cas échéant, le terrain demandé ;
   b) Un croquis précisant la situation du terrain par rapport à des points connus et figurant sur les cartes officielles.

Toute demande de concession de terrain introduite par une personne morale ou par les établissements et associations doit comporter les indications suivantes :

1. La dénomination de l'association requérante, avec indication de la date de l'arrêté qui lui accorde la personnalité civile ;
2. L'identité complète de son ou ses représentants légaux ou statutaires, avec indication de la date de l'acte qui agrée ce ou ces représentants, qualifiés pour introduire la requête et signer le contrat de concession ;
3. La destination que le requérant entend donner au terrain, ainsi que le programme établi pour en réaliser la mise en valeur ;

4. S'il s'agit d'un terrain loti, le numéro sous lequel ce dernier figure au plan parcellaire ; si le terrain n'est pas loti, le requérant fournira les éléments suivants :

   a) Un plan indiquant la configuration du terrain, ainsi que les longueurs des limites et toutes autres dimensions ayant servi au calcul de la superficie du terrain, les éléments de repérage du terrain par rapport à des accidents du sol et des constructions ou à des ouvrages d'un caractère permanent, etc., les cours d'eau, routes ou sentiers traversant, le cas échéant, le terrain demandé ;
   b) Un croquis donnant la situation du terrain par rapport à des points connus et figurant sur les cartes officielles.

§2. De l'enquête préalable

Avant l'octroi de terre, il doit préalablement être procédé à une enquête dans le but de constater la nature et l'étendue des droits que des tiers pourraient avoir sur les terres demandées en concession.

L'enquête n'est ouverte qu'à la suite d'un avis favorable de l'Administrateur du territoire résident territorialement compétent. Elle est effectuée par l'Administrateur du territoire ou par un fonctionnaire ou un autre agent à ce commis.

L'enquête comporte :

1. La vérification sur place de la délimitation du terrain demandé ;
2. Le recensement des personnes s'y trouvant ou y exerçant une quelconque activité ;

3. La description des lieux et l'inventaire de ce qui s'y trouve en fait de bois, forêts, cours d'eau, voies de circulation, etc. ;
4. L'audition des personnes qui formulent verbalement leurs réclamations ou observations ;
5. L'enregistrement et l'étude de toutes les informations écrites.

L'enquête est ouverte, par l'affichage dans la localité où le terrain est situé, de l'avis prévu par l'alinéa 3 de l'article 193.

Il sera annexé à l'avis affiché un exemplaire de la demande précisant le terrain concerné.

L'enquête est clôturée par un procès-verbal indiquant tous les renseignements réunis et les conclusions de l'agent qui en était chargé.

Il est annexé à ce procès-verbal tout document utile à l'étayer.

Dans un délai maximum d'un mois, l'auteur de l'enquête envoie à l'Administrateur du territoire, sous pli recommandé avec accusé de réception, deux exemplaires de son procès-verbal. Une copie de la lettre de transmission du dossier est réservée au demandeur.

Si, dans un délai d'un mois, le requérant ne reçoit pas copie de la lettre de transmission du dossier, il adresse une lettre de rappel à l'autorité chargée de l'enquête.

A défaut pour celle-ci d'y faire droit, le requérant peut faire recours auprès du Commissaire sous-régional.

Dans le mois de la réception du procès-verbal et, éventuellement, du recours, le Commissaire sous-régional y ajoute ses avis et considérations et transmet le dossier entier au Commissaire de région. Avant de transmettre le dossier, il peut faire reprendre l'enquête pour les motifs qu'il indique.

Lorsque le Procureur de la République et le gouverneur de province tombent d'accord, ce dernier décide de la suite à donner à la requête dans les limites de ses compétences, et, dans le cas contraire, transmet le dossier à l'autorité compétente au plus tard dans le mois qui suit.

§3. Intervention de l'autorité judiciaire

Si le Procureur de la République fait des observations sur le dossier sous examen, et si l'Administrateur de territoire y fait droit, il corrige le procès-verbal en conséquence ; auquel cas, le procès-verbal est transmis au Procureur de la République, qui constate l'accord.

S'il échet, le gouverneur de province fait reprendre l'enquête sur les points litigieux.

Le nouveau procès-verbal est soumis à la même procédure que celle de la première enquête.

Lorsque le désaccord persiste entre les deux autorités, le Procureur de la République et le gouverneur de province se constituent alors en une commission spéciale aux fins de clôturer la procédure de contrôle et de révision, ce, au mieux des intérêts du requérant.

Dans tous les cas, si, dans un délai de quatre mois à dater de l'introduction de la requête, le demandeur n'a pas reçu notification de la suite attendue, il est en droit d'introduire un recours, selon ce qui est prescrit à l'article 184.

Si, dans un délai de six mois à compter de l'ouverture de la procédure relative aux demandes de terres rurales, le requérant ne reçoit aucune suite, le Commissaire sous-régional autorise alors l'occupation provisoire des terres demandées.

Section 2. La mutation des droits fonciers en droit moderne : formes et procédures

La procédure et les formes de mutations sont prévues par la Loi foncière, spécialement en ses articles 235 à 236. Selon les prescrits de cette loi, sauf les cas où la mutation est ordonnée par la justice et ceux prévus par des lois particulières, nulle mutation ne peut être opérée qu'après remise au Conservateur du certificat à remplacer.

Dans tous les cas de mutation, l'ancien certificat inscrit au livre d'enregistrement est frappé d'un timbre d'annulation et d'une annotation indiquant, dans la forme établie par l'article 226, les motifs de l'annulation ainsi que la date et le numéro du nouveau certificat.

Le Conservateur opère la mutation en dressant à son livre et en délivrant au nouveau concessionnaire ou au nouveau propriétaire un certificat d'enregistrement conforme aux prescriptions de l'article 225. Le cas échéant, à la mention des locations et des charges qui frappent la concession ou l'immeuble selon l'ancien certificat de l'aliénateur, il ajoute celle des nouvelles charges réelles stipulées dans l'acte d'aliénation.

§1. Conditions et formes de mutations

1. L'authenticité

La Loi foncière prévoit que les mutations en vertu de contrats d'aliénation ne peuvent être opérées que si elles sont passées en forme authentique.

Le contrat d'aliénation peut être passé devant le Conservateur, qui en dresse l'acte avant l'enregistrement. Le Conservateur n'instrumente qu'après s'être fait assuré de l'identité et de la capacité des contractants.

Lorsque le contrat d'aliénation a été passé devant un autre Officier public sur le territoire national ou à l'étranger, l'acte de ce contrat est remis au Conservateur, en minute ou en copie certifiée conforme. Le Conservateur s'assure de la validité de l'acte. S'il échet, il en exige la légalisation.

Les mutations en vertu de jugements ne peuvent être opérées que si ces derniers sont passés en force de chose jugée.

2. La publicité

La publicité est la deuxième condition qu'il faut remplir dans le processus de mutation des droits fonciers, dans le système moderne. Cette notion veut que la mutation se passe par-devant l'Officier public compétent. Il s'agit du Conservateur des Titres immobiliers, à qui la Loi confère ce pouvoir.

3. L'inscription au registre des Titres immobiliers

La Loi foncière prévoit que le droit foncier ne se transmet qu'après l'inscription de la mutation au registre des titres immobiliers de la circonscription foncière concernée. Cette obligation va dans le sens de la sécurité foncière qui veut que les opérations dans le domaine foncier soient protégées par les écrits dans un document authentique et par l'Officier de l'Etat.

§2. Le certificat d'enregistrement : gage de la sécurité foncière

Selon l'article 227 de la Loi de 1980, le certificat d'enregistrement fait pleine foi de la concession, des charges réelles et, éventuellement, des droits de propriété qui y sont constatés.

Ces droits sont inattaquables et les actions dirigées contre eux ne peuvent être qu'en dommages-intérêts.

Toutefois, les causes de résolution ou de nullité du contrat ou de l'acte, l'erreur de l'ordonnance d'investiture donnent, dans les deux années depuis la mutation, ouverture à une action en rétrocession, avec dommages-intérêts s'il y a lieu.[69]

Les certificats d'enregistrement établissant la propriété privée du sol, et délivrés antérieurement à la Loi foncière de 1973, ont été remplacés par des certificats conformes aux dispositions de la nouvelle Loi au fur et à mesure des mutations opérées.

Le droit de jouissance d'un fonds n'est légalement établi que par un certificat d'enregistrement du titre concédé par l'Etat.

---

[69] Cet article a été modifié et complété par l'article 1er de la Loi 80-008 du 18 juillet 1980, modifiant et complétant la Loi 73-021 du 20 juillet 1973, portant régime général des biens, régime foncier et immobilier et régime des sûretés.

La propriété privée des immeubles par incorporation, qui est toujours envisagée séparément du sol, n'est légalement établie que par l'inscription, sur le certificat établissant la concession du fonds, desdits immeubles. Elle peut être établie par un certificat d'enregistrement distinct dont il est fait annotation sur le certificat établissant la concession.

Les mutations, soit entre vifs, soit par décès, de la propriété immobilière ne s'opèrent que par un nouveau certificat d'enregistrement.

A l'exception des servitudes légales et sous réserve des mesures prises en application de l'article 180 de la Loi de 1973, nulle charge ne frappe la propriété immobilière si elle n'est inscrite au certificat d'enregistrement.

Doit également être inscrit au certificat, tout contrat de location fait pour une durée de plus de neuf ans.

L'enregistrement des mutations de propriétés immobilières ou de tous autres droits réels s'effectue conformément aux dispositions du présent titre.

L'enregistrement des locations de plus de neuf ans et des charges réelles s'effectue conformément aux dispositions propres à ces matières.

Pour pallier les insuffisances du droit traditionnel, le droit moderne met en place un système de sécurisation des droits fonciers. Ce régime est prévu dans la Loi foncière en ses articles 222 à 243. Cette loi prévoit l'inscription de chaque immeuble sur le registre ou le livre d'enregistrement et le certificat d'enregistrement.

Aux termes de l'article 224 de la Loi précitée, il y a, pour chaque circonscription :

1. Un registre dit « livre d'enregistrement » pour l'inscription des certificats d'enregistrement au fur et à mesure qu'ils sont dressés par le Conservateur. Chaque folio du registre porte un numéro d'ordre. Chaque certificat est inscrit sur un folio distinct ;
2. Un registre de souche, dit « registre des certificats », pour la délivrance des certificats d'enregistrement ;
3. Un registre-répertoire alphabétique des personnes auxquelles des certificats d'enregistrement sont délivrés.

Le certificat d'enregistrement est dressé en double ; il est daté, scellé et signé du Conservateur. L'un des exemplaires est dressé dans le livre d'enregistrement, l'autre est délivré au titulaire du droit enregistré.

Le certificat d'enregistrement contient : l'indication précise du ou des titulaires des droits ; la situation, la description, la superficie et le croquis de l'immeuble ; les locations de plus de neuf ans et les charges réelles autres que les servitudes légales dont l'immeuble est frappé selon les règles de publicité prévues par la Loi.

Selon l'article 227, le certificat d'enregistrement fait pleine foi de la concession, des charges réelles et, éventuellement, des droits qui y sont constatés. Ces droits sont inattaquables et les actions dirigées contre eux ne peuvent être qu'en dommages-intérêts.

Toutefois, les causes de résolution ou de nullité du contrat ou de l'acte, l'erreur de l'ordonnance d'investiture, donnent dans les deux années depuis la mutation, ouverture à une action en rétrocession, avec dommages-intérêts s'il y a lieu.

L'importance du registre d'enregistrement est certaine. En effet, selon Pierre Piron et Jacques Devos, si le titre portatif facilite les transactions au plus haut degré en évitant les déplacements et des recherches dispendieuses, le titre inscrit au grand livre procure une certitude immuable.

Le droit serait vraiment précaire s'il ne reposait absolument que sur une feuille volante. Un certificat peut se perdre, il peut être falsifié ou même fabriqué de toutes pièces. L'inscription sur un registre confié à la garde d'un fonctionnaire public offre plus de garantie. La rédaction au livre d'enregistrement a, en outre, l'avantage de permettre la reconstitution des certificats mobiles en cas de perte ou de destruction.[70]

Cette technique, appliquée à la conservation de la nature, est un outil très nécessaire car elle permettrait de délimiter nettement le domaine de la réserve ou de la forêt, ou celui des communautés locales, ce qui éviterait à ces dernières la confusion sur les limites établies. Les riverains sauront donc qu'ils ne peuvent disposer que de leurs terroirs tels que nouvellement délimités, et ne pourront être inquiétés par quiconque car leurs droits seront solidement protégés.

D'un autre côté, l'environnement sera protégé car les ressources naturelles seront désormais protégées par le certificat du fonds sur lequel elles se trouvent.

De ce qui précède, on peut s'accorder à avancer que la sécurité du fonds ne peut pas être l'affaire du seul pouvoir : elle doit se faire en association avec la population.

---

[70] Pierre Piron et Jacques Devos, *Codes et lois du Congo Belge,* t. 1, Bruxelles Larcier, p. 92.

Section 3. La « *mise en valeur* » et l'« *occupation* » obligatoire : quel effet sur l'environnement ?

Dans le système traditionnel, la possession de la terre était prouvée par la mise en valeur et l'occupation. Ces deux notions se sont maintenues dans le droit moderne, mais ont été formalisées en intégrant la loi. Les différents textes légaux régissant le domaine foncier ont, en effet, repris les notions d'occupation et de mise en valeur.

§1. De la notion de « mise en valeur » et d'occupation

L'exercice du droit foncier dans le système traditionnel était lié à sa mise en valeur qui conférait la sécurité foncière à son usager. Cette notion de mise en valeur est diabolique pour l'environnement. Prouver que l'on a effectivement mis en valeur une parcelle, c'est essentiellement montrer qu'on l'a défrichée ou, en d'autres termes, que l'on a abattu la plupart des arbres qui y étaient implantés[71]. Ce système, avec son « droit de hache », incite consciemment ou inconsciemment à la déforestation, et par conséquent à la destruction de l'environnement.

Dans le droit moderne, la notion de mise en valeur subsiste et est consacrée par la loi. Au sens de l'article 369, et sauf en ce qui concerne ses points 3° et 4°, la mise en valeur suffisante ou insuffisante, la non mise en valeur, sont appréciées conformément aux dispositions du règlement général sur la vente et la location des terres ou les dispositions contractuelles en vigueur à l'époque où ces cessions ou concessions ont eu lieu.

---

[71] Kalambay Lumpungu, *Régime foncier et immobilier*, Kinshasa, PUZ, 1989, p. 65.

Dans la pratique, la mise en valeur se traduit par l'occupation et l'exploitation.

S'agissant des terres rurales, le législateur a consacré un régime bien élaboré.

Les terres rurales d'une superficie de plus de dix hectares destinées à un usage agricole ou à l'élevage ne peuvent être concédées si elles n'ont pas été occupées en vertu d'un titre d'occupation provisoire pendant un terme de cinq années.

Toutefois, l'autorité compétente pourra concéder les terres avant l'expiration de ce terme, si les conditions de mise en valeur auxquelles sera subordonnée l'acquisition du droit de concession se trouvent réalisées au vœu du contrat.

Le droit d'occupation provisoire est consenti par contrat aux conditions suivantes :

1. L'occupant paiera, pendant les cinq années d'occupation provisoire, *un loyer* progressif avec un maximum égal à cinq pour cent du prix de la concession du terrain à partir de la quatrième année.

   A l'expiration des cinq années prévues au contrat, et suivant ce qui en a été convenu, les terres occupées provisoirement, et mises en valeur, seront concédées à l'occupant au tarif en vigueur lors de la signature du contrat d'occupation provisoire.

2. Les conditions de *mise en valeur* auxquelles sera subordonnée l'accession à la concession perpétuelle et à l'emphytéose pourront être fixées par les contrats. Toutefois,

ne pourront jamais être considérées comme mises en valeur et occupées :

a) Les terres qui ne sont pas couvertes sur un dixième au moins de leur surface par des constructions ;
b) Les terres qui ne sont pas couvertes sur cinq dixièmes au moins de leur surface de cultures alimentaires, fourragères ou autres ;
c) Les terres destinées à l'élevage et qui ne seront pas être mises en valeur suivant les conditions minima fixées dans la convention ;
d) Les terres sur lesquelles il n'aura pas été fait, sur cinq dixièmes au moins de leur surface, des plantations de palmiers, à raison d'au moins 100 unités par hectare ; de caféiers, à raison d'au moins 900 unités par hectare ; de quinquina, à raison d'au moins 6.940 unités par hectare ; de théiers, à raison d'au moins 5.470 unités par hectare ; d'aleurites à raison d'au moins 121 unités par hectare ; d'arbres de boisement, à raison d'au moins cent arbres par hectare pour les enrichissements de forêt, et d'au moins mille arbres par hectare pour les boisements en terrains découverts. Pour les autres espèces d'arbres et arbustes, la densité minimum sera fixée de commun accord entre le concessionnaire et le service compétent ;
e) Les terres auxquelles n'auront pas été appliquées les mesures fixées par la convention ou légalement prescrites en vue de la conservation du sol.

La Loi foncière prévoit que ces conditions joueront simultanément ou séparément pour toute la surface. La constatation de l'occupation et de la mise en valeur des terres sera faite sur la demande et aux frais de l'occupant.

La loi de 1973 prévoyait que l'occupant qui, sans raison plausible, n'avait pas fait cette demande par lettre recommandée, était passible d'une amende de cinq zaïres[72] par mois de retard ;

Ces dispositions sont renforcées par les prescrits de l'Ordonnance 86-115 du 10 avril 1986, modifiant le règlement annexé à l'Ordonnance 79-111 du 9 mai 1979 modifiant celle n° 74-148 du 2 juillet 1974 portant mesures d'exécution de la Loi 73-021 du 20 juillet 1973 telle que modifiée et complétée à ce jour par la Loi 80-008 du 18 juillet 1980[73].

§2. Du droit d'occupation

Ce droit est réglementé par le Code foncier en ses articles 390 à 391. A compter de l'entrée en vigueur de la Loi foncière, « le droit d'occupation » constaté par « le livret de logeur » ou par tout autre titre équivalent délivré.

Toutefois, ceux des nationaux qui détiennent actuellement un tel droit, pourvu que celui-ci soit régulier et porte sur un terrain du domaine privé de l'Etat situé dans une circonscription lotie et cadastrée, se verront octroyer un titre de concession perpétuelle sur le fond occupé. Ne sont pas concernés par cette disposition, tous ceux qui, bien que détenant un livret de logeur ou un titre équivalent, sont encore liés par un contrat de location-vente avec un organisme public.

Un Arrêté du Commissaire d'Etat ayant les terres dans ses attributions, fixera les modalités requises pour l'enregistrement

---

[72] Le « Zaïre » est la monnaie qui avait cours légal à l'époque.
[73] Ordonnance n°86-115 du 10 avril 1986, Journal Officiel Zaïrois, numéro spécial, 1992, p. 241.

des titres de concession perpétuelle dont question à l'article 390. Cet arrêté peut subordonner l'enregistrement dont question, au paiement d'un prix de référence ou d'une redevance annuelle, et de taxes rémunératoires.

A l'article 166, il est stipulé qu'en vue de sauvegarder les droits immobiliers des populations rurales, toutes transactions sur les terres rurales seront soumises à la procédure d'enquêtes préalables, prévue par la présente loi.

Chapitre IV

SOLUTIONS POUR LES PROBLEMES FONCIERS ?

Section 1. La révision de la politique foncière

Pour une amélioration du système foncier en droit moderne, François Falloux et Lee Talbot proposent les aspects ci après[74] :

1. *Les problèmes fonciers doivent être abordés dans le cadre plus général du thème de l'information environnementale intersectorielle.* Cela est très important car trop souvent on oublie que l'utilisation de l'information foncière va bien au delà de l'enseignement foncier et de la délivrance des titres fonciers. Les cartes et fichiers numériques nécessaires pour l'enregistrement foncier constituent également l'outil de base pour la conception et la réalisation des programmes de conservation des sols et de gestion.

2. *Le pays doit avoir une politique foncière parfaitement définie. Il doit mettre en place un processus mêlant actions prioritaires et réflexion, qui devrait permettre d'affirmer progressivement cette politique.* Cela se fera dans le cadre de la mise en œuvre du programme environnemental : les études foncières devront être poursuivies notamment dans le domaine de la fiscalité foncière et dans celui des incitations à prévoir pour

[74] François Failloux et Lee Talbot, *op.cit.*, p. 235 et ss.

stimuler une meilleure conservation des sols, et par voie de conséquence de la nature.

3. Seront également étudiés les différents modes de faire-valoir, et notamment leur impact sur la gestion foncière, ainsi que les méthodes d'approche en zone de propriété collective coutumière pour tenter d'accroître la sécurité foncière.

4. *Il faut définir les priorités en fonction d'autres composantes, et notamment redéfinir les limites entre le domaine public et les terres privées afin de mieux conserver le patrimoine national des diversités biologiques.* Il s'agit de matérialiser physiquement les bordures des parcs nationaux, des réserves naturelles, des concessions forestières et d'autres forêts dans leur classification. Cette opération doit se faire en association avec les communautés riveraines car beaucoup de ces bordures demandent d'être négociées étant donné les empiètements anciens transformés en terroirs agricoles.

De plus, il convient de décider d'accroître la sécurité foncière juridique des communautés riveraines en enregistrant leurs propriétés indigènes individuelles ou collectives avec délivrance des titres fonciers et en stimulant les améliorations foncières, notamment de la conservation des sols.

Le programme foncier, loin d'être une opération isolée, doit être conçu comme partie intégrante et nécessaire du programme national des actions sur l'environnement. Sans ce programme, la protection et la gestion des parcs et des réserves ne peuvent se faire, ni l'aménagement des sites prioritaires. Les autorités publiques doivent aussi informer les usagers sur la législation foncière et sur les récentes modifications y apportées, notamment dans les procédures cadastrales, et faciliter au public l'accès à l'information foncière. C'est ce qu'il convient d'analyser ensuite.

Section 2 : L'unification du droit

Continuer à avoir deux systèmes de droit foncier, c'est, comme on a pu le constater, une source d'insécurité accrue et de spéculation. Il faut donc tendre vers un système unique de droit écrit qui, cependant, intègre les droits et les enregistre pour mieux les protéger. Ceci n'implique pas directement et automatiquement la propriété privée. En effet, on peut avoir des systèmes de gestion foncière collective très performants à la condition que les ayants-droit en connaissent les règles, les approuvent et les respectent. La seule situation à éviter est celle du libre accès foncier sans règles précises. En dehors de cette situation, toutes les formes de faire-valoir sont possibles, et la décision regarde d'abord les usagers eux-mêmes dans le cadre de leur terroir.

L'unification du droit foncier dans un Etat moderne doit se faire selon le modèle démocratique en faisant participer les intéressés à la prise de décisions.

En effet, l'unification du droit n'est pas seulement l'affaire des experts : elle n'est possible qu'avec une large participation du public. Elle demande au départ une intense consultation avec les usagers. Doivent suivre ultérieurement les discussions sur les projets de législation, une fois ces derniers rédigés. Au lieu d'être parachutée du sommet vers la base, la nouvelle législation doit être une émanation de la société. Elle doit être aussi suffisamment souple pour intégrer la relative diversité des vues des différents segments de la société[75].

En outre, reproduire systématiquement le modèle des pays industrialisés n'est pas envisageable. La seule issue est de s'appuyer sur les pouvoirs locaux, villages ou communes pour assurer la gestion foncière. Stimuler leur responsabilité, c'est stimuler leur participation et c'est, en même temps, fournir l'occasion de faire évoluer le système de façon internalisée. A charge pour les pouvoirs publics d'appuyer efficacement ces villages pour qu'ils puissent améliorer leur gestion foncière. La notion de contrat entre village et Agence publique est très importante pour bien délimiter les responsabilités des parties.

Dans la pratique, le régime foncier est le plus sécurisé de par l'élaboration d'un mécanisme strict de mutation et de transfert des droits immobiliers.

Section 3 : L'éducation environnementale

L'éducation environnementale ne se détache pas de l'éducation en général. Ainsi, elle est une prérogative de l'Etat en tant que garant de l'éducation nationale de ses populations.

Qu'entendre véritablement par éducation environnementale et qu'en attendre ? Il s'agit de préparer les gens à limiter les

---

[75] Félicité Pougoua Towa, *Réforme du code camerounais, le gouvernement compte sur la participation du peuple,* Inédit, 2001, consulté le 13 juin 2012 sur http://base.afrique-gouvernance.

dommages environnementaux occasionnés par leurs modes de vie sans trop mettre en cause ces derniers ou produire des changements profonds de comportements pour une meilleure harmonie entre sociétés humaines et milieux naturels. Aider une société à prendre conscience de ses problèmes environnementaux et à se mobiliser à les résoudre, voilà l'ambition de l'éducation à l'environnement.

Il faut examiner les mécanismes ou les stratégies de cette éducation d'abord, et ensuite faire intervenir l'Etat.

§1. Les stratégies de l'éducation environnementale

Selon Lee Talbot et François Failloux[76], pour prétendre au succès de l'éducation environnementale, il faut mettre en œuvre les mécanismes qui permettent de concilier l'éducation informelle du milieu familial et celle formelle de l'école dans le domaine environnemental, ainsi que l'éducation politique. Nous n'allons nous atteler qu'aux deux premiers aspects, le troisième étant réservé au point suivant.

Vouloir révolutionner trop vite le système éducatif en imposant des réformes de l'extérieur, c'est risquer de se mettre à dos les grands caciques de l'éducation et, ce faisant, de se condamner à l'échec. Faire en sorte que ces réformes viennent de l'intérieur des bureaucraties de l'enseignement et y prennent pied progressivement est la seule solution. Les succès de *World Wildwife Foundation* dans ce domaine ont été ainsi acquis à

---

[76] François Failloux et Lee Talbot, *op. cit.*, p. 317.

travers une démarche participative et évolutive en quatre étapes[77].

La première étape consiste à identifier un groupe de spécialistes qui sont *a priori* motivés pour l'environnement et qui, par voie de conséquence, sont convaincus de la nécessité du changement des modes de vie. Il faut ajouter à ce groupe les hommes de la communication et les médias, ainsi que des spécialistes d'autres disciplines tels que sociologues, écologues, démographes,...

La seconde étape est réflective et conceptuelle. Le groupe, érigé en commissions de travail pour l'éducation, analyse les problèmes, formule les solutions et prépare leur mise en œuvre. C'est au cours de cette étape que l'on doit chercher les valeurs environnementales des sociétés traditionnelles et diagnostiquer les comportements sociaux ainsi que leur impact sur l'environnement.

La troisième étape consiste à mettre en œuvre les modifications résultant de l'étape précédente, dans le cadre d'opérations pilotes. Ces dernières supposent naturellement que l'on dispose des ressources pour former les éducateurs et pour produire la documentation et le matériel pédagogique approprié.

---

[77] Laurent Granier, *Participation des communautés locales et autochtones à la gestion des concessions forestières en République du Congo*, Brazzaville, CADGF, Forest Monitor et REM, Janvier 2002, p. 9. http://www.observation-congo.info/documents/ParticipationSCGF_Rapport_final.pdf. Voir aussi Clément Mercier, *Participation citoyenne et développement des communautés au Québec*, janvier 2009, p. 21. Consulté le 14 avril 2012 sur http://www4.uqo.ca/observer/DevLocal/Gouvernance/participation.net/en/corpus_dph/fiche-dph-43.html.pdf.

La quatrième étape est en quelque sorte parallèle à la troisième. On y suit et évalue les opérations pilotes afin d'en améliorer les méthodes et de pouvoir progressivement réfléchir aux problèmes environnementaux du pays et de bien prendre la mesure de l'apport potentiel d'un programme d'action.

Il ne faut pas oublier le législatif. Le vœu commence à tourner avec l'émergence progressive de la démocratie. Les députés élus dans les conditions les plus claires représentent une force croissante capable de mieux contrebalancer l'exécutif. Leur rôle devient alors essentiel à la sensibilisation environnementale. D'un côté, ils peuvent en être les animateurs prépondérants dans leurs circonscriptions respectives. De l'autre côté, ils sont appelés, en fin de parcours, à en être les juges (du programme d'action gouvernemental) lors de l'examen du plan proprement dit en vue de son approbation. Leur intervention va même se prolonger par le vote des textes relatifs aux réformes institutionnelles et légales qui en découlent.

Une telle démarche exige un sens élevé de responsabilité. Les acteurs politiques devraient transcender leurs appartenances pour l'intérêt de l'environnement. Les responsables du programme des actions environnementales pourraient être tentés de s'appuyer fortement sur les réseaux très décentralisés des structures politiques et sociales évoquées ci-dessus. Les mobiliser est, certes nécessaire. Leur donner l'exclusivité serait en revanche dangereux. Le programme deviendrait alors l'instrument d'un parti politique et, quelle que soit sa qualité, ne représenterait plus qu'une vision des problèmes et de leurs solutions. Pour éviter ce danger, il n'y a pas d'autre voie que celle de la diversité : organisations non gouvernementales, organisations confessionnelles et autres associations non politiques doivent toutes être encouragées à participer, pour contrebalancer le poids des grosses machines politiques, à accroître leur propre extension géographique. On entre alors dans la boucle rétroactive permanente, éducation, formation, suivi et évaluation, qui va se perpétuer.

François Failloux et Lee Talbot rappellent à juste titre que l'environnement n'est pas une nouvelle matière. Si on l'introduisait dans l'enseignement comme un sujet séparé, son impact à long terme se trouverait limité. Au lieu d'une nouvelle discipline, il s'agit plutôt d'un esprit environnemental qui doit filtrer à travers tous les sujets enseignés.[78]

§2. Les groupes-cibles

1. Les décideurs politiques

Il faut d'abord convaincre les décideurs politiques. En effet, certains parmi eux ont peut-être déjà été sensibilisés aux problèmes environnementaux à l'occasion de rencontres internationales ou dans le cadre d'activités entamées dans leurs propres pays. D'autres ne sont pas encore convaincus. Et pourtant, lancer un programme d'actions pour l'environnement (tel l'éducation) et y impliquer toutes les couches sociales d'un pays, il s'agit là d'une décision qui ne peut être prise à la légère.

Pour son succès, le programme doit être appuyé par le chef de l'Etat ou par celui du gouvernement, ou, mieux encore, par les deux à la fois. Leur souci doit être d'impliquer tous leurs ministres dans le processus qui, d'essence multisectorielle, doit

---

[78] François Failloux et Lee Talbot, *op. cit.*, p. 376.

être leur œuvre commune[79]. Cet engagement gouvernemental demande d'être mûri avant toute action : dialogue avec les pays plus avancés dans le domaine, visite des programmes en cours, mis en œuvre sur le terrain, étude des plans environnementaux déjà réalisés ailleurs. Une autre voie, sans doute, serait d'inviter l'ensemble de l'équipe gouvernementale à se mettre au vert.[80]

2. Les médias

La première urgence est d'en former les animateurs. La formation des spécialistes des médias devrait débuter par une réflexion sur les programmes qu'ils produisent et sur leur contenu environnemental positif ou négatif. Cette réflexion devrait ensuite être axée sur la relation entre culture et nature, valeurs environnementales des sociétés traditionnelles et intégration de l'environnement et du développement.[81]

3. La première enfance

L'éducation environnementale des jeunes est un ingrédient essentiel. Il s'agit en effet de préparer les générations futures à être en meilleure harmonie avec le milieu naturel.

---

[79] Emmanuel Torquebiau Russel Taylor D., *Natural Resource Management and Local Development,* Vol. 12, 1ère éd., Springer, New York, 2011, VI, p. 200.

[80] www.diobass-kivu.org/downloads/DEUXIEME-ANNONCE-2011 ; voir aussi http://www.3tamis.org/Templates/DOSSIERS%203TAMIS/ENVIRONNEMENT/Ressources%20naturelles//htlm, consulté le 10 mai 2012.

[81] Anonyme, *Environnement, grand public,* sous le lien http://metiers.regionpaca.fr/uploads/media/Environnement.pdf, consulté le 1er juin 2012.

La période préscolaire, qui va de la naissance jusqu'à l'âge scolaire, est la première phase critique de l'éducation environnementale. Au contact de l'adulte, l'enfant va façonner son comportement à l'égard du monde extérieur. Quasiment indélébile, cet acquis de la prime enfance va influencer sa vision adulte. Cette éducation doit être continuée à l'école primaire, puis secondaire[82].

4. L'université

L'université doit être à la page en matière environnementale. Un impératif essentiel : la prise de conscience environnementale du monde universitaire, qui doit adapter son système éducatif pour répondre de façon urgente à la demande des nouveaux emplois environnementaux engendrés par l'éducation et la mise en œuvre des programmes environnementaux. Les universitaires, autre groupe cible, doivent donc s'atteler à cette tâche. Ils doivent effectuer des recherches et faire de nouvelles propositions d'orientation d'actions[83].

5. Les populations locales

Le groupe sur lequel on doit apporter le plus d'attention, ce sont bien les populations riveraines, en vertu des relations étroites qu'elles entretiennent avec la réserve. Ce groupe doit être

---

[82] Michela Mayer et Johannes Tschapka, Impliquer les jeunes dans le développement durable. Apprendre et enseigner le développement durable dans l'enseignement secondaire, sous le lien : http://ensi.org/media-global/downloads/Publications/230/Impliquer%20les%20jeunes.pdf, consulté le 10 mai 2012.

[83] Anonyme, *Biologie et société*, *Rôle social de l'université*, p. 5 et ss. http://www.bigre.ulb.ac.be/Users/jvanheld/biologie_societe/pdf_files/5.1.role_social_universite_dias.pdf, consulté le 10 mai 2012.

informé jusque dans les moindres détails sur l'importance de l'existence des aires protégées pour l'écologie, et par conséquent pour l'humanité tout entière.

L'éducation des communautés locales se fera soit par l'école, soit par des groupes. Selon l'étude effectuée par Lokula Mbuse dans trois Groupements de la province Orientale, à savoir Mputu, Nyangwe et Binase, s'agissant de l'éducation par l'école, les résultats sont peu fiables[84]. Une autre méthode a été envisagée, celle consistant à intégrer l'éducation environnementale dans les pratiques quotidiennes des populations. Les résultats de cette stratégie sont intéressants de par l'expérience de Bugobe, autour du Parc national de Kahuzi Biega. Ce parc a organisé les populations riveraines en comités de conservation communautaire qui se chargent de la sensibilisation des membres du groupe au cours des échanges en Barzas ou au cours de travaux en groupes. Monsieur Chimanuka, membre du Comité de Conservation Communautaire de Bugobe, relate que la campagne de sensibilisation que leur structure mène vis-à-vis des populations diminue sensiblement les incursions dans le parc.

Les résultats ainsi obtenus sont presque identiques à Miti, Mudaka, Bushwira et Katana[85].

---

[84] Lokula Mbuse, Intégration socio-économique et politique des pygmées dans la collectivité-chefferie de Mambasa, Mémoire, Inédit, Unikis, 1997, p. 40.

[85] Chimanuka, *Implication des populations dans la protection des richesses naturelles du PNKB*, in « Kivu Safari », n° 065-066, Inédit, Août-septembre-octobre 2003, p. 9.

6. Les exploitants fonciers, forestiers et les agents de l'administration

Les exploitants forestiers doivent avoir un sens élevé de responsabilités dans chaque acte matériel qu'ils posent sur les ressources naturelles. Si, au contraire, ils se comportent comme des barbares sans foi ni loi, les ressources naturelles vont disparaître de par leur fait. C'est pourquoi il faut les encadrer par l'organisation de séminaires pour leur permettre de saisir l'intérêt d'une exploitation soumise aux exigences écologiques.

Les agents de l'administration forestière, quant à eux, doivent avoir des bases solides en matière d'environnement. Ils doivent, en outre, continuellement enrichir leur savoir et le renouveler. Les séances de séminaires de formation ou de recyclage sont nécessaires pour une pratique environnementaliste.

Deuxième partie

LE DOMAINE FORESTIER

Le terme « forêt » est utilisé dans cet ouvrage dans son sens large. Il désigne les arbres ou toutes autres espèces végétales hormis les cultures vivrières. Le contexte aidera chaque fois le lecteur à comprendre aisément le sens à lui accorder.

Cette partie traite de la couverture légale du domaine forestier, des mesures qui encadrent la protection des arbres contre les prédations et autres agissements contraires au développement du secteur forestier. Cependant, nous abordons de manière superficielle l'exploitation forestière, et ce, à volonté. En effet, l'importance à y accorder dans la zone d'étude n'est pas grande, comparaison faite avec d'autres zones de la République démocratique du Congo, en l'occurrence, les provinces Orientale, de l'Equateur, de Bandundu et du Bas-Congo. Dans la zone d'étude, pour l'essentiel, l'exploitation forestière se fait à petite échelle, de manière artisanale et par endroit se limite à la coupe de quelques arbres ou des micro-boisements.

Chapitre V

DE LA COUVERTURE LEGALE

Section 1. Statut juridique

L'article 7 du Code forestier dispose que les forêts constituent la propriété de l'Etat. Leur exploitation et leur utilisation par les personnes physiques ou morales de droit privé ou de droit public sont régies par les dispositions de la présente loi et ses mesures d'exécution. Les forêts naturelles ou plantées comprises dans les terres régulièrement concédées en vertu de la législation foncière appartiennent à leurs concessionnaires.

Les droits attachés à ces forêts sont exercés dans le respect des dispositions de la présente loi et ses mesures d'exécution.

Les arbres situés dans un village ou son environnement immédiat ou dans un champ collectif ou individuel sont la propriété collective du village ou celle de la personne à laquelle revient le champ.

Ils peuvent faire l'objet d'une cession en faveur des tiers.

Selon les prescrits de l'article 10, le domaine forestier comprend les forêts classées, les forêts protégées et les forêts de production permanente.

Les forêts classées sont celles soumises, en application d'un acte de classement, à un régime juridique restrictif concernant les droits d'usage et d'exploitation. Elles sont affectées à une vocation particulière, notamment écologique.

Les forêts protégées sont celles qui n'ont pas fait l'objet d'un acte de classement et sont soumises à un régime juridique moins restrictif quant aux droits d'usage et aux droits d'exploitation.

Les forêts de production permanente sont celles soustraites des forêts protégées par une enquête publique en vue de les concéder. Elles sont soumises aux règles d'exploitation prévues par le Code forestier et ses mesures d'exécution.

La politique forestière en République démocratique du Congo est décentralisée. Conscient de la multiplicité et de la diversité des réalités selon les provinces, l'Etat a voulu adapter la politique forestière provinciale aux réalités de chaque province, dont il tient compte par ailleurs. Pour ce faire, un Plan forestier provincial est élaboré par chaque gouverneur de province concernée après avis du Conseil consultatif provincial. Le gouverneur implique les acteurs tant publics que privés du secteur forestier.

Après approbation du Plan par le ministre, le gouverneur prend un Arrêté le rendant exécutoire sur toute l'étendue de l'entité qu'il dirige.

Il est prévu que le classement s'effectue par Arrêté du ministre après avis conforme du Conseil consultatif provincial sur les forêts concernées, fondé sur la consultation préalable des populations riveraines. Toutefois, la création des réserves naturelles intégrales, des parcs nationaux et des secteurs sauvegardés relèvent de la compétence du président de la République.

L'arrêté de classement détermine la localisation et les limites de la forêt concernée, sa catégorie, sa dénomination, le mode de gestion de ses ressources, les restrictions qui lui sont applicables, les droits d'usage susceptibles de s'y exercer et l'institution chargée de sa gestion. Tenant compte des besoins des communautés, l'emprise des forêts classées peut être fixée de telle sorte que certaines de leurs parties soient laissées à la disposition des populations riveraines en vue de la satisfaction de leurs besoins domestiques, notamment en produits forestiers et en terres de culture temporaire.

Il ne peut être procédé au déclassement partiel ou total d'une forêt classée qu'après avis conforme des *Conseils consultatifs national et provinciaux* des forêts.

Le déclassement est soumis à la réalisation préalable d'une étude d'impact sur l'environnement.

La décision de déclassement est prise dans les mêmes conditions de procédure et de forme que le classement.

Section 2. Des mesures générales de protection des forêts

En lisant l'article 45 du Code forestier, l'on s'aperçoit clairement que le législateur a voulu protéger le cadre forestier par une couverture légale. Selon les prescrits de cet article, le domaine forestier est protégé contre toute forme de dégradation ou de destruction du fait, notamment, de l'exploitation illicite, de la surexploitation, du surpâturage, des incendies et brûlis ainsi que des défrichements et des déboisements abusifs. Sont particulièrement interdits, tous actes de déboisement des zones exposées au risque d'érosion et d'inondation.

§1. Du contrôle du déboisement

Selon les prescrits du Code forestier, tout déboisement doit être compensé par un reboisement équivalant, en qualité et en superficie, au couvert forestier initial réalisé par l'auteur du déboisement ou à ses frais.

Toute personne qui, pour les besoins d'une activité minière, industrielle, urbaine, touristique, agricole ou autre, est contrainte de déboiser une portion de forêt, est tenue au préalable d'obtenir à cet effet un permis de déboisement. Pour les activités agricoles, ledit permis n'est exigé que lorsque le déboisement porte sur une superficie égale ou supérieure à deux hectares.[86]

Le permis de déboisement est délivré par le gouverneur de province, lorsque la superficie à déboiser est égale ou inférieure à dix hectares. Au-delà de cette superficie, il est délivré par le ministre.

Dans les deux cas, un avis préalable de l'administration forestière locale, fondé sur une étude d'impact est requis. La délivrance dudit permis donne lieu à l'acquittement préalable d'une taxe de déboisement, dont l'assiette, le taux et les modalités sont fixés par un Arrêté conjoint des ministres ayant les forêts et les finances dans leurs attributions.

Les recettes générées par cette taxe sont affectées à la reconstitution du capital forestier.

---

[86] Voir Code forestier, *op cit.*, article 53.

§2. Du contrôle des feux de forêts et de brousse

Les feux sont un danger pour les ressources naturelles, et leur dangerosité s'exprime à deux niveaux : leur capacité destructrice et leur régularité en chaque année, car ils surviennent chaque année en période de saison sèche. Le législateur y a consacré tout un chapitre dans le Code forestier, des articles 55 à 64 et autres.

Le gouverneur de province fixe, par arrêté pris sur proposition de l'administration provinciale des forêts, les dates et les conditions d'allumage des feux hâtifs.

Afin de prévenir et de combattre les feux de forêts et de brousse, l'administration forestière[87] ou les entités décentralisées doivent prendre notamment, les mesures suivantes :

1. Constituer, former et équiper des brigades chargées de la lutte contre les feux, ainsi que de la sensibilisation, de la formation et de l'encadrement des populations locales ;
2. Créer des postes d'observation dans certaines régions, particulièrement celles menacées d'incendies.

Il est interdit de provoquer ou d'abandonner un feu susceptible de se propager dans la forêt ou dans la brousse.

---

[87] L'administration forestière est un corps administratif et technique qui part du ministère national de l'Environnement jusqu'aux postes d'encadrement administratifs, en passant par les divisions au niveau provincial et les supervisions au niveau des territoires. Mais la Loi sur la décentralisation laisse une possibilité aux institutions publiques à la base de pouvoir influencer les politiques et certaines actions.

Dans le domaine forestier, il est interdit d'abandonner un feu non éteint.

Il est défendu de porter ou d'allumer un feu en dehors des habitations et des bâtiments d'exploitation situés à l'intérieur des forêts.

Toutefois, l'allumage d'un feu pour la fabrication de charbon est autorisé, à condition que son auteur prenne toutes les dispositions utiles pour éviter que ce feu n'échappe à son contrôle et ne se propage dans le domaine forestier.

Le feu de brousse, qu'il soit hâtif ou tardif, provoqué est à maîtriser par son auteur, qui répond des dommages résultant de son fait, conformément à l'article 258 du Code civil des obligations.

Il est interdit d'allumer un feu dans un rayon de 500 mètres autour des forêts situées dans la savane ou en bordure de celle-ci. Il est également interdit d'allumer en zone de savane un feu le long des routes et chemins qui traversent les forêts classées. L'interdiction est absolue dans les réserves naturelles intégrales et les parcs nationaux, où aucun feu ne peut être allumé, sauf pour les besoins d'aménagement.

En saison favorable, après information des populations locales concernées, les agents forestiers procèdent d'office à l'incinération des herbages dans les environs des forêts classées afin de les préserver des conséquences des feux incontrôlés.

A cet effet, ils aménagent un coupe-feu d'une largeur suffisante pour empêcher la transmission du feu aux périmètres à protéger.

Afin de prévenir et de combattre les incendies de forêt, l'autorité administrative locale ou, à défaut, le responsable local chargé des forêts peut requérir, même verbalement, les habitants des villages riverains de la forêt concernée.

La loi prévoit que toute personne constatant la présence d'un feu incontrôlé dans le domaine forestier est tenue d'en aviser l'autorité la plus proche. Celui qui se trouve à proximité d'un incendie de forêt a le devoir d'apporter son concours à son extinction.

En cas de défaillance à ses obligations, l'autorité administrative locale répond civilement des conséquences dommageables, pour les personnes et les biens, des feux allumés sous son contrôle. Toutefois, la responsabilité de l'autorité locale est dégagée si elle établit, pour ce qui concerne les feux hâtifs ou précoces, qu'une information préalable suffisante a été faite par affichage ou proclamation et, s'agissant des opérations de lutte contre les incendies, que les dommages résultent d'un cas de force majeure.

§3. De la reconstitution des forêts

Les articles 77 à 79 du Code forestier prévoient que l'administration chargée des forêts assure la reconstitution des forêts à travers l'élaboration et l'application de programmes de régénération naturelle et de reboisement qu'elle met à jour périodiquement.

La reconstitution des ressources forestières incombe à l'Etat, aux entités décentralisées, aux concessionnaires, aux exploitants forestiers et aux communautés locales. Elle s'effectue sous la supervision et le contrôle technique de l'administration chargée des forêts, dans les conditions fixées par le ministre.

L'Etat encourage l'implication de tous les citoyens, des communautés locales et des entités décentralisées dans les opérations de reboisement. A cet effet, des terrains forestiers domaniaux, des plants et graines d'essences forestières, ainsi que l'encadrement nécessaire sont mis à la disposition des personnes physiques ou morales dans les conditions fixées par arrêté du ministre.

§4. De l'exploitation des forêts des communautés locales

Il ressort de l'article 80 du Code forestier que les personnes et communautés qui réalisent des reboisements bénéficient, en tout ou en partie, des produits forestiers qui en sont issus, dans les conditions fixées par arrêté du ministre. L'exploitation desdits produits doit être effectuée dans le respect des dispositions de la présente loi et de ses mesures d'application.

L'exploitation des forêts des communautés locales se fait sous la supervision et le contrôle technique de l'administration locale chargée des forêts. Outre les droits d'usage, les communautés locales ont le droit d'exploiter leurs forêts. Cette exploitation peut être faite soit par elles-mêmes, soit par l'intermédiaire d'exploitants privés artisanaux, en vertu d'un accord écrit. Les exploitants privés artisanaux ne peuvent opérer dans les forêts des communautés locales que moyennant la détention d'un agrément délivré par le gouverneur de province, sur proposition de l'administration forestière locale.

Pour les besoins d'exploitation de leurs forêts, les communautés locales peuvent demander le concours de l'administration forestière et obtenir une assistance de sa part. Les produits de l'exploitation reviennent à la communauté locale après déduction des frais dus à l'administration forestière pour ses prestations. L'exploitation des forêts des communautés locales peut être confiée à des tiers en vertu d'un contrat d'exploitation. Ce contrat doit être subordonné à l'approbation de l'administration forestière locale.

Pour assurer le financement des opérations de reboisement et d'aménagement, de contrôle et de suivi de leur réalisation, il est créé un Fonds forestier national émargeant au budget pour ordre, et alimenté notamment par les recettes des taxes de reboisement et autres redevances forestières. Le Fonds est placé sous la responsabilité du ministre.

Un décret du président de la République détermine le statut, l'organisation et les modalités de fonctionnement du Fonds.

Chapitre VI

LES ACTES POSITIFS DE CONSERVATION EN R.D. CONGO

Nous allons chercher ces actes dans le droit écrit et dans les pratiques usuelles et coutumes de nos communautés. Ce chapitre nous aidera à comprendre les efforts fournis par la République démocratique du Congo pour la conservation des ressources naturelles, et qui traduisent l'engagement des dirigeants dans la conservation. Par ailleurs, il existe des pratiques qui ne sont pas codifiées, mais qui sont fréquentes dans le quotidien des communautés.

Section 1. Selon la loi

§1. La protection des espaces pour des fins écologiques

Cette pratique est consacrée par le Code forestier en son article 13, qui dispose ce qui suit : sont les forêts classées, celles nécessaires pour :

1. La protection des pentes contre l'érosion ;
2. La protection des sources et des cours d'eau ;
3. La conservation de la diversité biologique ;
4. La conservation des sols ;
5. La salubrité publique et l'amélioration du cadre de vie ;
6. La protection de l'environnement humain, et

7. En général, toute autre fin jugée utile par l'administration chargée des forêts.

Font également l'objet de classement, les périmètres de reboisement appartenant à l'Etat ou à des Entités décentralisées.

§2. La couverture légale de certaines pratiques protectrices

On rencontre en République démocratique du Congo des pratiques ou comportements édictés par les lois et qui sont favorables à la protection de l'environnement de sorte qu'elles participent ou sont à la base de la conservation des ressources naturelles. Il est difficile de les énumérer de manière exhaustive, mais nous en donnons quelques illustrations. Nous allons commencer par les dispositions légales, et nous verrons ensuite les pratiques coutumières.

1. Le principe général de protection du domaine forestier (article 45 du Code forestier)

Le domaine forestier est protégé contre toute forme de dégradation ou de destruction du fait, notamment, de l'exploitation illicite, de la surexploitation, du surpâturage, des incendies et brûlis, ainsi que des défrichements et des déboisements abusifs.

Sont particulièrement interdits, tous actes de déboisement des zones exposées au risque d'érosion et d'inondation.

2. Protection des sources et rives des rivières (article 48 du Code forestier et 19 du Code foncier)

La Loi forestière érige en principe l'interdiction de couper les arbres dans un rayon de 100 mètres autour de sources de cours d'eau et sur une distance de 50 mètres des rives des cours d'eau.[88] Cette disposition, si elle est observée, met le cours d'eau à l'abri de l'assèchement, des pollutions de l'air diverses, des eaux des pluies et des éboulements des terres, etc.

Dans les pratiques coutumières, si l'on s'installe dans un milieu où il y a de l'eau, on ne construit pas sur les bords des rives ou autour d'un rayon déterminé des sources des cours d'eau. La Loi foncière, à son tour prévoit, que nul ne peut corrompre l'eau ni en changer le cours. Ce principe est valable pour tout le monde quel que soit le droit que l'on possède sur la ressource. En limitant ainsi le pouvoir des ayants-droits sur les ressources naturelles, la disposition naturelle des choses est respectée, et l'équilibre naturel restera maintenu. Nous y reviendrons plus bas, dans un chapitre consacré à l'analyse de la protection de l'eau.

3. La publicisation des cours d'eau (articles 16 et 18 du Code foncier)

Le législateur considère les cours d'eau comme faisant partie du domaine de l'Etat. La loi prévoit que le lit de tout lac et celui de tout cours d'eau navigable, flottable ou non, *font partie du domaine public de l'Etat* (article 16 de la Loi foncière). L'eau des cours d'eau et des lacs, ainsi que les eaux souterraines, appartiennent à l'Etat. Sous réserve des dispositions légales ou

[88] Article 48 du Code forestier.

réglementaires qui en déterminent la jouissance, et des concessions particulières qui peuvent toujours être accordées par l'autorité publique, la faculté d'en user est commune à tous (article 18).

Cette option stimule le respect de l'eau en tant que bien appartenant à l'Etat et la met à l'abri des spoliations par les particuliers. L'avantage ici, c'est la protection des faibles par rapport aux riches qui pourraient tenter d'orienter les rivières à leur intérêt dans leurs concessions pour arroser et en priver les autres utilisateurs. Mais ils ne peuvent le faire, du fait qu'ils ne peuvent s'en prévaloir la propriété et qu'il leur est interdit de détourner le lit des cours d'eau.

L'autre avantage de ces dispositions par rapport aux Payements pour Services environnementaux consiste en ce que les victimes de détournements artificiels des cours d'eau deviennent protégées et fondées à réclamer indemnisation ou réparation de la part des auteurs des tels actes.

4. La pénalisation des feux de brousse hâtifs (articles 55 à 64 du Code forestier)

La réglementation des feux de brousse est également assurée, ainsi que nous le notions déjà plus haut, par le Code forestier. Les feux de brousse incontrôlés sont interdits. La loi instaure un système de contrôle des feux de brousse et leurs pratiques doivent être autorisées par le gouverneur de province.

5. L'institution de diamètre légal d'exploitabilité

Il est institué des diamètres d'exploitabilité des arbres, différents selon les espèces. Normalement, un arbre qui n'a pas atteint le diamètre minimum d'exploitabilité ne peut pas être coupé. Cette obligation est d'origine scientifique, mais protège les arbres des coupes intempestives et les préserve d'extinction. Puisque tant que l'arbre est en vie, il fournit des services environnementaux tels que la purification de l'air.

6. Obligation de reconstitution des ressources naturelles (articles 52 à 54 et 77 à 81 du Code forestier)

Par ce principe, le législateur oblige toute personne qui déboise à compenser son déboisement par un reboisement équivalent en qualité et en quantité. Dans ce cadre, il est institué un Fonds de reconstitution du capital forestier. Ce fonds est destiné à reboiser les espaces qui ont été déboisés au cours de l'exploitation forestière. L'administration forestière a la charge d'assurer la reconstitution des forêts à travers l'élaboration et l'application de programmes de régénération naturelle et de reboisement qu'elle met à jour périodiquement. Pour cette fin, l'Etat implique tous les citoyens dans les activités de reboisement.

7. Les interdictions en vertu de la loi sur la conservation de la nature

La loi sur la conservation de la nature[89] prévoit, en son article 5, l'interdiction, dans les réserves intégrales :

[89] L'Ordonnance-loi 69-041 du 22 août 1969, portant conservation de la nature. Elle est inspirée de la Convention internationale pour la protection des végétaux signée à Rome le 16 avril 1929, ainsi que de la Convention du 8 novembre 1933 relative à la conservation de la faune et de la flore à l'Etat naturel.

1. D'abattre, de détruire, de déraciner ou d'enlever les plantes ou les arbres non cultivés ;
2. De faire des fouilles, terrassements, sondages, prélèvements de matériaux et tous autres travaux de nature à modifier l'aspect du terrain ou de la végétation ;
3. De bloquer les rivières, de prélever ou de polluer directement ou indirectement les eaux.

8. La taxation des activités qui entament le capital en ressources naturelles

Il s'agit des taxes destinées à supporter les charges financières liées à la reconstitution des ressources naturelles. Parmi elles, on peut citer :

1. La taxe d'abattage : le taux varie selon les classes des essences forestières et les zones de prélèvement ;
2. La taxe de déboisement : le taux correspond au coût du reboisement à l'hectare ;
3. La taxe de reboisement : son taux correspond à 10% du coût de reboisement à l'hectare.

Section 2. Les pratiques et croyances traditionnelles

Dans les coutumes et traditions des populations, les pratiques protectrices des ressources naturelles sont légion. Nous en évoquons ici quelques-unes :

1. En vertu des croyances coutumières, on ne peut pas jeter des urines dans l'environnement immédiat d'une source ou y faire tout autre besoin hygiénique ou physiologique. Il est considéré qu'il y a à la source et dans la rivière des esprits redoutables qui peuvent suivre celui qui le ferait et lui nuire au point de le rendre fou ou de le tuer. Jeter des urines dans la rivière, c'est envoyer son esprit aux démons. On croit que les démons peuvent suivre les urines en remontant la rivière et qu'ils frapperont régulièrement celui qui commettrait un tel acte. C'est ce qui, dit-on, serait à la base de l'épilepsie. Cette malédiction pourrait s'étendre aux enfants de la victime, selon les croyances, notamment, des Bashi et des Nande du Kivu. Toutefois, il n'y a aucune interdiction à se laver dans la rivière.

2. Il existe des espèces d'arbres qui sont sacralisés. Ici, il n'y a rien d'absolu : un arbre sacré chez un peuple peut se trouver négligé chez un autre peuple. En somme, on considère que l'arbre sacré incarne des esprits ou que des forces de la nature y sont contenues. De tels arbres ne peuvent être coupés. Celui qui les coupe ne tarde pas à mourir parce que tous les esprits, démons et puissances que l'arbre contenait vont s'incarner dans celui qui l'a coupé. Comme l'humain ne peut les supporter, il ne peut qu'en mourir ou, à la rigueur, devenir fou.

3. Pour les Africains, la terre est sacrée ; elle est la mère nourricière des vivants et la demeure des morts. C'est l'épouse du Dieu créateur. Pour cela, elle ne doit pas être détruite ; elle doit être protégée, etc. On ne doit pas vendre la terre parce qu'elle appartient aux dieux.

Chapitre VII

GESTION DE L'EAU ET DROIT FONCIER EN R. D. CONGO

Section 1. Considérations générales

L'eau est protégée par plusieurs lois, qu'il s'agisse de son existence ou de sa qualité. Déjà, à l'époque coloniale, l'eau était au centre des préoccupations de l'autorité. A ce jour, la Loi portant principes fondamentaux applicables à l'agriculture limite l'utilisation de l'eau par les concessionnaires agricoles à la nécessité.[90] L'Ordonnance du 1er juillet 1914, portant mesures de prévention contre la pollution et la contamination des sources, lacs, cours d'eau et parties de cours d'eau[91], prévoyait en son article 1er que les Administrateurs territoriaux déterminent les zones de protection des sources, lacs, cours d'eau ou parties de cours d'eau servant ou pouvant servir à l'alimentation en eau potable. Dans les limites des zones de protection ainsi décrites, il était interdit :

1. De construire des habitations, cabanes, huttes ou paillotes ;
2. D'installer des usines, établissements de commerce, abattoirs, kraals ou parcs à bestiaux ;
3. D'établir des sépultures ;
4. De creuser des excavations ;

---

[90] Loi 11/022 du 24 décembre 2011 portant principes fondamentaux relatifs à l'agriculture, en son article 38.

[91] Ordonnance du 1er juillet 1914, traitant de la pollution et de la contamination des sources, lacs, cours d'eau et parties de cours d'eau, B.A.C., 1914, p. 399.

5. De créer des champs de cultures ;
6. De déposer ou d'enfouir des décombres ou immondices, débris, cadavres ou détritus de tout genre ;
7. De pénétrer et de circuler ou d'introduire des animaux, sauf autorisation de l'Administrateur territorial.

Dans les eaux dont il est question à l'article 1er ci-dessus, il est interdit de faire rouir, macérer ou fermenter toute matière de quelque nature que ce soit; de déverser ou de jeter des herbes, terres, pierres, branchages, matériaux, décombres, immondices, cadavres, débris ou détritus quelconques.

Pour sanctionner les manquements à ces dispositions, il est prévu une peine d'emprisonnement d'un à sept jours de servitude pénale et une amende qui ne pourra excéder 200 francs, ou l'une de ces peines seulement.

Section 2. La Commission provinciale de l'eau

Le Décret royal du 6 mai 1952 sur les concessions et l'administration des eaux des lacs et des cours d'eau[92], en son article premier, prévoyait une Commission provinciale des eaux placée sous l'autorité du Commissaire provincial, aujourd'hui le gouverneur de province, et composée des chefs des service de l'Agriculture, du Contentieux, des Titres fonciers, des Travaux publics ou de leurs remplaçants, de trois membres effectifs et de

---

[92] Décret Royal du 6 mai 1952 sur les concessions et l'administration des eaux des lacs et des cours d'eau, B.O., 1952, p. 1132.

trois membres suppléants nommés par le gouverneur de province, en dehors du personnel administratif.

Les fonctions des membres de la Commission ne sont pas rémunérées. Des indemnités peuvent être payées aux membres nommés, obligés de se déplacer soit pour assister aux séances, soit pour remplir une mission qui leur est confiée.

Section 3. Droit d'usage sur les cours d'eau

Suivant les cas déterminés au Décret du 6 mai 1952, relatif à la gestion de l'eau et dans les conditions qu'il précise, la concession du droit d'user de l'eau ou d'occuper le lit d'un lac ou d'un cours d'eau est accordée par arrêté du gouverneur de province, par ordonnance du gouverneur général, par Arrêté royal ou par décret.

La concession est accordée par le gouverneur de province :

1. Pour la production de force motrice, pour autant que la puissance théorique maximum soit de 500 CV ;
2. A des fins agricoles ou industrielles, pour autant qu'elles comportent un prélèvement maximum de trois mètres cubes par seconde ;
3. A des fins domestiques ou d'agrément.

Le gouverneur compétent est celui de la province dans laquelle se trouvent le point de prise d'eau, les terrains au profit desquels l'usage de l'eau est sollicité et les terrains sur lesquels des servitudes devront être réalisées pour l'exercice du droit concédé.

L'Ordonnance n°52-443 du 21 décembre 1952, portant mesures propres à protéger les sources, nappes aquifères souterraines, lacs et cours d'eau, à empêcher la pollution et le gaspillage de l'eau et à contrôler l'exercice des droits d'usage et des droits d'occupation concédés[93], prévoyait quant à ce qui le concerne qu'en matière de déforestation sur les terrains en pente et à proximité des sources et des cours d'eau et en matière de lutte antiérosive, quiconque désire entreprendre des travaux ou se livrer à des aménagements du terrain susceptibles de compromettre le débit ou l'existence des sources, de la nappe aquifère, des lacs ou des cours d'eau, est tenu de solliciter au préalable l'autorisation du gouverneur de province. Celui-ci, après avoir pris l'avis de la Commission provinciale des eaux, refuse ou accorde cette autorisation essentiellement révocable ; il peut subordonner l'octroi de celle-ci à telles conditions qu'il estime convenables.

L'utilisation de l'eau était également soumise à des restrictions strictes dans certaines régions, et notamment :

1. Les régions déclarées saturées ou sursaturées au point de vue foncier,
2. Les régions pauvres en ressources hydrauliques,
3. Les régions où, les besoins étant exceptionnels, l'utilisation de l'eau doit être contingentée.

Toutefois, l'usage restreint de l'eau pour des besoins d'ordre alimentaire ou hygiénique n'était pas soumis à cette

---

[93] Ordonnance 52-443 du 21 décembre 1952, portant mesures propres à protéger les sources, nappes aquifères souterraines, lacs et cours d'eau, à empêcher la pollution et le gaspillage de l'eau et à contrôler l'exercice des droits d'usage et des droits d'occupation concédés, B.A., 1953, p. 59.

autorisation. Cette idée est portée actuellement par l'article 45 alinéa deuxième du Code forestier[94].

Cette ordonnance interdit aussi de laisser couler des liquides dans les sources, lacs et cours d'eau, d'y jeter ou d'y déposer des matières ou de provoquer des émanations gazeuses pouvant corrompre ou altérer les eaux, sauf exception autorisée par le gouverneur de province, sur avis de la Commission provinciale des eaux.

L'autorisation fixera le dédommagement éventuel des riverains qui en subiraient un préjudice. Elle pourra être subordonnée à l'exécution d'aménagements en vue d'assurer une épuration rapide des eaux polluées.

L'usager de sources, nappes aquifères, lacs ou cours d'eau ne peut exercer son droit que dans la mesure strictement nécessaire à ses besoins.

En cas de gaspillage dûment constaté, l'usager pourra être tenu d'y mettre fin, en apportant toutes modifications nécessaires à ses installations. La protection de certains espaces est toujours présente dans les reflexes du législateur. Celui-ci a, à l'article 48 du Code forestier interdit tout déboisement sur une distance de 50 mètres de part et d'autre des cours d'eau et dans un rayon de 100 mètres autour de leurs sources[95].

La Loi foncière dispose, en ses articles 16 à 19, que le lit de tout lac et celui de tout cours d'eau navigable, flottable ou non, font

---

[94] *Loi 011/2002 du 29 aout 2002, portant Code forestier*, Journal Officiel, numéro spécial du 6 novembre 2002.

[95] Idem.

partie du domaine public de l'Etat. Néanmoins, celui qui a dans sa concession une source ne formant qu'un simple filet d'alimentation d'un cours d'eau peut en user à volonté.

D'autre part, celui qui a dans sa concession une source formant la tête d'un cours d'eau dont le lit est distinct des terres avoisinantes ne peut en user que sous réserve de ce qui est dit ci-dessus.

L'eau des cours d'eau et des lacs, ainsi que les eaux souterraines, appartiennent à l'Etat. Toutefois, sous réserve des dispositions légales ou réglementaires qui en déterminent la jouissance, et des concessions particulières qui peuvent toujours être accordées par l'autorité publique, la faculté d'en user est commune à tous.

Nul ne peut corrompre l'eau ni en changer le cours.[96]

---

[96] Loi foncière, Journal Officiel, numéro spécial du 1er décembre 2004.

Troisième partie

CADRE INSTITUTIONNEL POUR LES RESSOURCES NATURELLES

Chapitre VIII

LES AUTORITES ET LEURS POUVOIRS

Alors que depuis les temps anciens, le Fonds a été la ressource essentielle sur le plan économique, englobant toutes les autres ressources dont les arbres et les cours d'eau qu'il contient, l'évolution du moment pousse à considérer chaque ressource de manière indépendante. Ces considérations sont venues avec la naissance du droit de l'environnement, vers les années 1970.

En effet, bien que la conservation ait commencé longtemps auparavant, des auteurs s'accordent que le droit de l'environnement comme branche du droit est né avec la conférence de Stockholm.[97] Les compétences sont alors différentes selon qu'il s'agit d'une ressource ou d'une autre pour la même autorité ou la même institution.

La République démocratique du Congo traduit sa politique de gestion des ressources naturelles par l'institution des autorités foncières, qui exercent leurs compétences dans un cadre géographique déterminé appelé Circonscription foncière dans chaque province[98]. Sur un autre plan, l'Etat institue deux domaines fonciers, à savoir le fonds du domaine public et celui du domaine privé de l'Etat. Dans le domaine privé, l'Etat peut octroyer des droits aux particuliers moyennant paiement des frais prévus par la loi, tandis que le domaine public est hors des

---

[97] Paulin Polepole Buhendwa, Le droit de l'environnement face aux droits fonciers des populations locales, Mémoire, Inédit, U.C.B., 2005, p. 16.

[98] Par l'Arrêté ministériel 031/93 du 3 juin 1993, l'Etat divisa la province du Sud-Kivu en deux circonscriptions foncières : celle de Bukavu et celle d'Uvira. Cet Arrêté n'avait pas été publié au Journal Officiel.

transactions et est destiné à servir les intérêts publics ou collectifs.

Sur un autre plan, existent des compétences au niveau national et au niveau provincial. Les autorités nationales disposent de compétences étendues sur l'ensemble du territoire national, tandis que les autorités provinciales ont leur compétence limitée dans les limites géographiques de la province. Certains actes leur sont interdits compte tenu de la gravité ou de l'importance de ceux-ci sur le plan national. Dans les provinces, les pouvoirs sont limités dans les circonscriptions foncières établies par la loi.

Section 1. Les institutions nationales

Les autorités au niveau national sont : le président de la République, le Parlement et les ministères. Nous distinguerons les pouvoirs de ces autorités dans le domaine foncier et dans le domaine forestier.

§1. Le président de la République

1. Dans le domaine foncier

L'article 183 de la Loi foncière dispose, en son point 2, que les concessions ne sont valables que si elles sont accordées par contrats validé par Ordonnance du président de la République pour les blocs de terres rurales supérieurs à mille hectares et inférieurs à deux mille hectares, ainsi que pour les blocs de terres urbaines supérieurs à cinquante hectares et inférieurs à cent hectares.

Le président de la République agit par Ordonnance sur :

1. Les conditions générales de mise en valeur pour chaque catégorie de terres ;
2. Les conditions relatives au maintien de la destination des terres ;
3. Les conditions de renonciation ;
4. L'ordonnance de validation de contrats sur les blocs de terres rurales supérieurs à mille hectares et inférieurs à deux mille hectares et pour les frais pour examen de la demande de terre ou d'une concession ;
5. Les formalités de résiliation, de résolution, de transfert et de renouvellement des contrats ;
6. Les blocs de terres urbaines supérieurs à cinquante hectares et inférieurs à cent hectares.

2. Dans le domaine forestier

Certaines attributions sont dévolues au président de la République par la loi. C'est notamment le cas pour le Code forestier, qui réserve au président de la République de prendre une Ordonnance pour l'attribution des concessions aux communautés locales (article 22, alinéa 2ème) ; la validation du contrat de concession forestière pour les concessions dépassant une superficie totale de 300.000 hectares.

Le pouvoir du président de la République est essentiellement un pouvoir d'orientation.

Il agit par Décret :

1. Sur la procédure de classement et de déclassement des forêts (article 15 du Code foncier) ;
2. Concernant les modalités d'attribution des concessions aux communautés locales ;
3. En ce qui a trait au Conseil consultatif national ;
4. Sur le statut, l'organisation et les modalités du fonctionnement du Fonds forestier national
5. Sur les procédures de mise en adjudication des forêts ;
6. Au sujet de l'approbation du contrat de concession forestière pour une superficie supérieure à 300.000 hectares.

Avec l'évolution des derniers moments, notamment la venue de la Constitution du 18 février 2006, le président de la République agit par Ordonnance et le Premier ministre agit par Décret. Il faut donc harmoniser les textes avec la Constitution sur ce point.

§2. Le Parlement national

Ici, nous faisons allusion au Parlement national avec ses deux Chambres, celles-ci étant deux composantes d'une même institution.

1. Dans le domaine foncier

L'article 183 de la Loi foncière prévoit en son point 1) que pour les terres gérées par les administrations publiques, les concessions ne sont valables que si elles sont accordées par contrat approuvé par une loi, pour les blocs de terres rurales, égaux ou supérieurs à deux mille hectares et pour les blocs de terres urbaines égaux ou supérieurs à cent hectares.

2. Dans le domaine forestier

Le Parlement national est compétent pour approuver les contrats de concessions forestières par une loi lorsque la superficie totale à concéder est supérieure à 400.000 hectares. Il peut prendre toute autre initiative dans le domaine forestier en vertu de son pouvoir législatif général.

Il faut retenir ici qu'en parlant du parlement, nous faisons allusion aux deux chambres, à savoir l'Assemblée nationale et le Sénat. Les raisons sont : premièrement, les deux ne sont que deux paliers d'une même institution politique ; et deuxièmement, chaque loi passe par les deux chambres avant sa promulgation par le président de la République.

§3. Les ministères nationaux

Deux ministères sont impliqués dans la gestion des ressources naturelles au niveau national en République démocratique du Congo : le ministère de l'Environnement, Conservation de la nature et Tourisme et le ministère des Affaires foncières.

1. Le ministère national des Affaires foncières

C'est un organe politique chargé de concevoir et d'exécuter la politique du gouvernement en matière foncière. Il comprend le ministre, qui est le chef et agent politique, assisté d'un secrétariat, organe permanent et administratif. Il élabore la politique qu'il fait exécuter par les ministères et Divisions provinciaux.

Le point 3) de l'article 183 précité prévoit que les concessions ne sont valables que si elles accordées par contrat validé par Arrêté du Commissaire d'Etat ayant les Affaires foncières dans ses attributions, pour les blocs de terres rurales de plus de deux cents hectares n'excédant pas mille hectares et pour les blocs de terres urbaines de plus de mille hectares mais n'excédant pas cinquante hectares.

Il faut préciser que cette compétence revient exclusivement au ministère national. La distribution des compétences est analysée dans les lignes qui suivent.

2. Le ministère de l'Environnement

L'article 92 du Code forestier prévoit que le contrat de concession forestière est signé, pour le compte de l'Etat, par le ministre. Le ministre provincial peut aussi prendre toute initiative en cette matière pour les aspects qui relèvent de sa compétence. Il concentre l'essentiel du pouvoir de gestion de l'environnement. Ses attributions consistent en la réglementation, la gestion, la conservation et l'administration. Ci-après, un essai d'inventaire non exhaustif de ce que lui permettent ces attributions :

1. Prendre un Arrêté de classement et de déclassement des forêts (art. 16 et 17 du Code foncier) ;
2. L'institution des forêts de production permanente à mettre sur le marché conjointement avec le ministre de l'Agriculture ;
3. La gestion, l'administration, la conservation et la surveillance des forêts ;
4. Déléguer la gestion des forêts classées à des institutions publiques ou privées ;
5. La dotation des administrations en matériels nécessaires ;
6. Prendre un Arrêté sur le Cadastre forestier ;
7. Prendre un Arrêté portant Conseil consultatif provincial ;

8. Publier avant le 31 janvier la liste des associations environnementales agréées ;
9. Prendre des mesures favorisant la recherche forestière ;
10. Le zonage et les modalités de mise en culture de certaines parties des forêts ;
11. La réglementation de la récolte des produits forestiers qu'il juge utiles ;
12. La délivrance des Permis de déboisement pour une étendue de plus de 10 hectares ;
13. Arrêté conjoint avec le ministre des Finances sur l'assiette, le taux et les modalités de la taxe à payer pour un permis de déboisement ;
14. Arrêté d'aménagement forestier ;
15. Gestion du Fonds forestier national ;
16. Prendre un Arrêté sur les enquêtes publiques ;
17. Prendre un Arrêté sur l'adjudication des forêts ;
18. Prendre un Attribution d'une forêt de gré à gré ;
19. Prendre un Arrêté sur le modèle de cahier de charges ;
20. Signature du contrat de concession forestière pour une superficie de moins 3.000 ha ;
21. Prendre un Arrêté sur les autorisations d'exploitation des forêts ;
22. Prendre un Arrêté sur le fonctionnement de la Commission de Règlement des Différends forestiers.

§4. Le Conseil consultatif national sur les forêts

Les articles 29 à 31 du Code forestier prévoient qu'il est créé un Conseil consultatif national des forêts et des Conseils consultatifs provinciaux des forêts, dont l'organisation, le fonctionnement et la composition sont fixés respectivement par décret du président de la République et par Arrêté du ministre.

Le Conseil consultatif national des Forêts est compétent pour donner des avis sur :

1. Les projets de planification et la coordination de la politique forestière ;
2. Les projets concernant les règles de gestion forestière ;
3. Toute procédure de classement et de déclassement des forêts ;
4. Tout projet de texte législatif ou réglementaire relatif aux forêts ;
5. Toute question qu'il juge nécessaire se rapportant au domaine forestier.

Le Conseil consultatif provincial des Forêts donne des avis sur tout projet de classement ou de déclassement des forêts dans la province et, en général, sur toute question qui lui est soumise par le gouverneur de province. Ses attributions s'appliquent *mutatis mutandis* au niveau provincial.

Le Conseil consultatif apparaît donc comme un organe d'appui technique et de contrôle pour les autres institutions, aussi bien au niveau national qu'au niveau provincial. Cependant, il risque d'être inefficace car il n'a pas de pouvoir contraignant pour stopper une action ou un projet qu'il jugerait peu important pour le pays. Il lui faudrait un pouvoir réel et non un pouvoir consultatif.

Section 2. Les autorités au niveau provincial

En matière de gouvernance des ressources naturelles, les autorités au niveau provincial sont : l'Assemblée provinciale, le gouverneur de province, la Coordination provinciale de l'Environnement, la Division du Cadastre et le Conservateur des Titres immobiliers.

§1. L'Assemblée provinciale

Aucun pouvoir légal ne lui est dévolu. Cependant, il faut reconnaître qu'elle détient un pouvoir général sur la vie de la province et contrôle l'action de l'Exécutif dans tous les domaines. Elle peut donc prendre position dans une matière qui est de la compétence de la province et orienter l'action de l'Exécutif en matière des ressources naturelles, qu'il s'agisse du domaine foncier ou du domaine forestier.

§2. Le gouverneur de province

1. Dans le domaine foncier

Il peut signer un contrat pour les blocs de terres rurales égaux ou inférieurs à deux hectares et pour les blocs de terres urbaines égaux ou inférieurs à dix hectares.

Pour les terres rurales de moins de dix hectares et les terres urbaines de moins de cinquante ares, le gouverneur de province peut déléguer ses pouvoirs au Conservateur des Titres immobiliers.

2. Dans le domaine forestier

Le gouverneur de province a autorité sur les cadastres et les Conseils consultatifs provinciaux. Il en nomme les membres et est saisi pour toute question qui concerne ces institutions.

Le gouverneur de province intervient notamment dans les matières suivantes :

1. Elaboration d'un Plan forestier provincial ;
2. Arrêté d'exécution du Plan forestier provincial ;
3. Arrêté d'interdiction d'exercice des droits d'usage selon l'état de la forêt ;
4. Permis de déboisement pour une étendue de moins de dix hectares ;
5. Arrêté sur les dates et les conditions d'allumage des feux hâtifs ;
6. Autorisation de reconnaissance forestière ;
7. Autorisation d'inventaire forestière pour les particuliers ;
8. Agréer les exploitants forestiers artisanaux,
9. Etc.

§3. Les administrations provinciales

Les ressources naturelles sont gérées techniquement en province par le Cadastre, le Conservateur des Titres immobiliers et la Coordination provinciale de l'Environnement.

1. L'administration foncière provinciale

Les articles 181 à 182 de la Loi foncière prévoient que les terres sont gérées par les administrations publiques, soit par des organismes publics créés à cet effet, soit par des sociétés mixtes d'équipement et de promotion immobilière. Le Département ayant les Affaires foncières dans ses attributions applique la politique de l'Etat en matière d'affectation et de distribution des terres.

Techniquement, les Affaires foncières sont gérées par un service spécialisé qui comprend le Cadastre et le Conservateur de Titres immobiliers. On distinguera entre les titres emphytéotiques et les concessions ordinaires.

Il convient de rappeler que le territoire national est subdivisé en circonscriptions foncières. Un Arrêté ministériel du 3 juin 1993[99] prévoyait deux circonscriptions foncières dans la province du Sud-Kivu, à savoir la Circonscription foncière d'Uvira et la Circonscription foncière de Bukavu. Les limites de la circonscription foncière coïncidaient avec celles des ressorts des Tribunaux de Grande Instance respectifs.

Un nouvel arrêté du 20 septembre 1993[100] prévoyait, en son article 3, que la Conservation nationale des emphytéoses est chargée de gérer les contrats d'emphytéoses. Elle assure notamment le suivi de chaque contrat et s'assure du recouvrement des redevances dues au Trésor public.

Pour déterminer les blocs prévus ci-avant, il est tenu compte de toutes les concessions de même nature et de même destination dont le demandeur a bénéficié dans la même région.

---

[99] Arrêté ministériel 031/93 du 3 juin 1993, portant création des Circonscriptions foncières dans la région du Sud-Kivu. Cet arrêté ministériel n'a pas fait l'objet d'une publication au Journal Officiel.

[100] Arrêté ministériel 1440/0129/93 du 20 septembre 1993, portant création de la Conservation nationale des Titres immobiliers chargée des emphytéoses.

2. La Coordination provinciale de l'Environnement

L'expression « Administration forestière » utilisée par le Code forestier désigne la coordination ou Division provinciale de l'Environnement avec tous ses services : étude, reboisement, cartographie, police forestière, etc. Ces administrations ont des embranchements au niveau des Entités Territoriales Décentralisées qui les représentent et accomplissent les tâches qui leur sont dévolues. Les attributions légalement dévolues à la Coordination provinciale de l'Environnement, en prolongement de l'action du ministère national de l'Environnement, sont, entre autres :

1. Constituer, former et équiper les équipes de lutte contre les feux ;
2. Créer des Postes d'observation des feux de brousse ;
3. Dresser un inventaire forestier annuel et périodique ;
4. Emettre des propositions au sujet de la forêt à mettre en adjudication, ainsi que du prix ;
5. Procéder à l'élaboration de plans d'aménagement ;
6. Assister et contrôler la communauté locale dans l'exploitation de sa forêt ;
7. Mettre en demeure les concessionnaires en cas de non exploitation.

Le tableau présenté aux pages qui suivent résume les forces et les faiblesses des autorités ou des institutions en place au niveau provincial.

Institution	Forces	Faiblesses
Assemblée provinciale	- Vote des édits - Contrôle de l'exécutif - Interpellation du gouvernement provincial - Mandat public provincial - Contact direct avec la base (population) - Possession de moyen d'action - Stabilité politique	- Soumission des élus à la discipline des parties politiques - Manque d'information - Ignorance des responsabilités - Non exercice des responsabilités/pouvoirs - Inexpérience (novices en politiques) - Implication personnelles dans les affaires qu'ils sont appelés à traiter /juges et parties

Coordinations provinciales de l'environnement et de l'agriculture	- Technicité, capacités connaissances - Présence des services jusqu'aux niveaux inférieurs de l'administration - Le code forestier et autres lois qui confèrent le pouvoir - Compétence judiciaire (policiers et agents de police judiciaire) - Ancienneté (expérience) - Préparation des projets d'édits - Préparation du budget	- Insuffisance des moyens / sous équipement - Motivation insuffisante - Vieillissement du personnel - Non exercice du pouvoir/mission - Interférence des personnalités influentes et des autres services - Détournement de la mission - Interférence - Insuffisance des capacités techniques : manque de formation par rapport à l'évolution

Ministères provinciaux en charge de l'environnement et de l'agriculture	- Rapprochement du pouvoir à la base - Initier et contresigner les arrêtés avec le gouverneur de province - Initier les projets d'édits - Motivation régulière	- Programmes inexistants ou irréalisables - Nouveaux : manque d'expérience - Juges et parties - Instabilité politique - Ineffectivité de la décentralisation - Non définition claire par les textes des lois des compétences.

Tableau n°1 : Forces et faiblesses des institutions

Section 3. Les Entités territoriales décentralisées

Il s'agira de regarder les pouvoirs qui sont exercés au niveau des institutions à la base dont la Chefferie, le Secteur, la Commune rurale, le Village,…

Dans la configuration en vigueur actuellement, les institutions sont le Territoire, la Chefferie, le Groupement, le Poste d'encadrement administratif. La difficulté, aujourd'hui, est la situation imprécise, le pays étant en transition vers la décentralisation. Les anciennes institutions sont encore en place et travaillent, alors que les nouvelles institutions envisagées et proclamées dans la nouvelle Constitution ne sont pas encore opérationnelles.

Attendu que ce travail a, entre autres objectifs, d'aider les parties prenantes à connaître les autorités et leurs pouvoirs, et considérant que les institutions actuelles sont en voie de disparition, nous allons examiner les pouvoirs dévolus aux nouvelles institutions, et nous verrons également la configuration de l'appareil administratif à l'œuvre à ce jour.

§1. Les institutions actuellement effectives

A ce niveau, dans le cadre de ce travail, uniquement les institutions en milieu rural vont nous intéresser.

Les institutions effectives à ce jour sont : le Territoire, la Chefferie, le Groupement, le Poste d'encadrement administratif et la Localité. De toutes ces institutions, seule la Chefferie jouit de la personnalité juridique.

En ce qui concerne les institutions en place, leur pouvoir dans le domaine de la gouvernance des ressources naturelles n'est défini par aucun texte légal. Leurs actions sont inscrites dans le cadre du pouvoir général d'encadrement de la population dans tous les secteurs de la vie nationale, ou au titre de la participation aux efforts de développement du milieu. C'est ainsi qu'on trouvera que les milieux dans lesquels les chefs sont peu entreprenants restent sous développés.

La décentralisation, qui doit être effective, est plutôt un moyen de responsabiliser les institutions au niveau local, et permettrait aux milieux de faire décoller leur développement en dépit des possibles lacunes en aptitudes du chef local.

Quid des cadres de base et de la Territoriale ?

L'on note généralement un vide légal à ce niveau. Bien sûr, le Code foncier renvoie à l'Administrateur de territoire, qui doit intervenir dans les enquêtes de vacance de terres, mais il faut avouer que le service observe rarement cette orientation. Ces autorités n'ont pas de pouvoir réel sur les ressources naturelles, particulièrement la terre, qui, dans notre zone d'étude, est gérée essentiellement par le pouvoir coutumier. Les techniciens qui sont mis à sa disposition collaborent de moins en moins ave lui, mais se rattachent davantage de leur hiérarchie technique au niveau de la coordination provinciale.

§2. Les réformes des institutions et la décentralisation

La loi sur les Entités administratives décentralisées, en son article 4, prévoit les institutions ci après : le Territoire, la Commune, la Chefferie ou Secteur, le Groupement, le Village.[101]

L'article 5 de cette loi dispose que le Territoire, le Quartier, le Groupement et le Village sont des Entités territoriales déconcentrées dépourvues de la personnalité juridique. Tandis que la Ville, la Commune, le Secteur et la Chefferie sont des Entités Territoriales Décentralisées dotées, elles, de la personnalité juridique. Elles jouissent de la libre administration et de l'autonomie de gestion de leurs ressources humaines, économiques, financières et techniques.

Seule la Chefferie va nous intéresser, en tant qu'institution dotée de la personnalité juridique.

---

[101] Loi organique 08/016 du 07 octobre 2008, portant composition, organisation et fonctionnement des Entités territoriales décentralisées et leurs rapports avec l'Etat et les provinces.

1. La Chefferie

Du point de vue de son statut juridique, la Chefferie est naturellement une Entité coutumière ayant à sa tête un chef traditionnel. Mais, vu son importance et l'attachement de la population au chef qui caractérise et incarne cette institution, elle joue un rôle important dans la vie sociale, culturelle et économique. La terre, qui est le sous-bassement de la vie, appartient au chef de Chefferie, selon les traditions et coutumes. Le chef est à la tête d'une communauté homogène dont les membres s'identifient à un ancêtre commun.

A ce niveau, la Loi sur la décentralisation, en son article 69, prévoit deux institutions, à savoir le Conseil de chefferie et le Collège exécutif.

A. Le Conseil de chefferie

Le Conseil de chefferie est composé de membres appelés Conseillers de chefferie, élus au suffrage universel selon les conditions fixées par la Loi électorale.

L'article 12 de cette loi, relatif à la Commune urbaine, est applicable à la Chefferie, tel que prévu à son article 72.[102]

Le Conseil de secteur ou de chefferie délibère sur les matières d'intérêt local. Ses attributions dans le domaine des ressources

---

[102] Selon l'article 12 de la Loi organique 08/016 du 07 octobre 2008, portant composition, organisation et fonctionnement des Entités territoriales décentralisées et leurs rapports avec l'Etat et les provinces, le Conseil urbain élit le Maire et le Maire adjoint dans les conditions fixées par la Loi électorale. Il approuve le programme élaboré par le Collège exécutif urbain ; in Journal Officiel, 49ème année, Numéro spécial.

naturelles et de l'environnement, conformément à l'article 73 de la loi sur la décentralisation sont :

1. L'organisation et la gestion d'un service d'hygiène de l'entité ;
2. L'organisation des décharges publiques et du service de collecte et le traitement des déchets de l'entité ;
3. La construction et l'exploitation des mini-centrales pour la distribution d'énergie électrique, l'installation des panneaux solaires, l'aménagement des sources et les forages de puits d'eau pour la distribution ;
4. La création et la supervision des centres commerciaux et postes d'achat des produits agricoles ;
5. L'organisation des campagnes agricoles, la promotion de l'élevage et de la pêche ;
6. La création et la gestion des sites historiques d'intérêt local, l'organisation du tourisme dans le ressort de l'entité.

B. Les attributions du Collège exécutif de la Chefferie

Le Collège de secteur est l'organe d'exécution des décisions du Conseil de la chefferie. Il est composé d'un chef de Chefferie désigné par la coutume et de trois Echevins désignés par le chef de Chefferie.[103]

Les attributions du Collège de chefferie en matière de gouvernance des ressources naturelles et de l'environnement

[103] Article 79 de la Loi organique 08/016 du 07 octobre 2008, portant composition, organisation et fonctionnement des Entités territoriales décentralisées et leurs rapports avec l'Etat et les provinces sur la décentralisation.

sont définies à l'article 84 de la Loi sur la décentralisation. Il s'agit de :

1. Il assure :

L'encadrement des populations en vue de la réalisation du programme agricole et économique de l'entité ;

L'exécution des tâches d'intérêt général lorsqu'il en est requis spécialement par l'autorité supérieure ou lorsque l'urgence s'impose.

2. Il veille à :

a) L'amélioration de l'habitat ;
b) La sauvegarde du patrimoine et, spécialement:

i. L'entretien du réseau routier ;
ii. La gestion du domaine ;
iii. La protection :

i. De la flore ;
ii. De la faune ;
iii. Des ouvrages d'art et des sites classés ;
iv. Des eaux, des cours d'eau et des rives.

3. Il élabore par ailleurs le projet de budget.

C. Du chef de Chefferie

Selon l'article 85 de la Loi sur la décentralisation, le chef de Secteur est l'autorité de cette entité.

A ce titre :

1. Il assure la responsabilité de la bonne marche de l'Administration de sa juridiction ;
2. Il est Officier de Police Judiciaire à compétence générale ;
3. Il est Officier de l'Etat-civil ;
4. Il est ordonnateur principal du budget du Secteur ;
5. Il représente le Secteur en justice et vis-à-vis des tiers ;
6. Il exécute les lois, les édits, les règlements nationaux et provinciaux, les décisions et les règlements du Secteur.

2. La Commune rurale

Les institutions au niveau de la Commune rurale sont : le Conseil municipal et le Collège exécutif municipal.

Les mêmes pouvoirs dévolus à la Chefferie reviennent à la Commune rurale. L'article 95 de la Loi sur la décentralisation prévoit que le Conseil municipal prend des règlements d'administration et de police. Ces règlements ne peuvent être contraires aux dispositions légales ou réglementaires édictées par l'autorité supérieure.

Elle est compétente pour traiter des matières se rapportant au tourisme, au patrimoine historique, aux monuments publics et parcs d'intérêt municipal à travers :

1. La participation à la promotion du tourisme et de l'artisanat ;
2. La lutte contre les érosions et la déforestation dans les limites de la Commune ;
3. Le reboisement et stabilisation des sols dans les zones argileuses de la Commune ;
4. La création et la gestion du service de quarantaine, particulièrement pour les bêtes prises en divagation.

Le Collège municipal est compétent pour élaborer, présenter et exécuter le programme de développement économique, culturel et environnemental de la Commune.

Les institutions de la Commune rurale sont : le Conseil de la Commune rurale et le Collège exécutif de la Commune rurale. Elle jouit d'une personnalité juridique.

La configuration de la charpente administrative présente la figure suivante.

3. Le Conseil agricole rural de gestion (CARG)

Le CARG est une structure de concertation associant les différents acteurs du monde rural : l'exécutif et le législatif, l'administration, le secteur privé, les associations et les syndicats paysans, les universités et centres de recherches, les congrégations religieuses,... Il est créé à l'initiative du ministère de l'Agriculture, Pêche et Elevage, dans le cadre de la redynamisation du cadre légal foncier et institutionnel de l'agriculture, mais il n'existe aucune loi qui le crée. Il a pour base territoriale le Territoire. Au niveau provincial, les CARG territoriaux sont chapeautés par le Conseil consultatif provincial (CCP).

Les objectifs et rôles

Les objectifs et rôles du CARG sont définis comme suit[104] : renforcer l'organisation des structures paysannes, défendre les intérêts des paysans, renforcer la concertation entre les organisations paysannes, diffuser les informations utiles à la prise des décisions (choix d'activités, prix et marché) ; contribuer à la promotion du leadership paysan ; mettre en place, suivre et évaluer un plan de développement agricole constitué de projets répondant aux préoccupations locales ; associer les bailleurs de fonds à la clarification des actions de développement du monde agricole rural ; établir l'harmonie et la synergie dans les actions.

Il convient de noter que cette structure est encore en sa phase d'implantation dans les différents milieux ruraux.

On observe l'éclosion de structures parallèles dans certains villages, avec la même composition et les mêmes objectifs : des Comités locaux de développement (CLD) avec prédominance et une grande influence des acteurs de la Société civile.

Il convient de noter que la charpente agissante des institutions à la base n'est pas reprise dans l'arsenal juridique actuel. Elle serait issue de la hiérarchisation du ministère de l'Agriculture, Pêche et Elevage. Leurs attributions ne sont pas couvertes par

---

[104] *Le Journal des CARG*, n° 1, Année 1, Juillet 2009, pp. 7-8.

un texte légal. Elles agissent suivant les instructions de la hiérarchie[105].

La configuration se présenterait de la manière suivante :

Au niveau du Territoire : Inspecteur agricole (anciennement appelé agronome de Territoire). Il est secondé par deux adjoints qui chapeautent deux cellules : la cellule de production et défense des végétaux, ainsi que la cellule de production et santé animale.

A la Chefferie, l'on trouve un agronome de Chefferie.

Au Poste d'encadrement administratif, ce sont un agronome de Secteur, qui a sous sa responsabilité des moniteurs agricoles qui travaillent par village, ainsi qu'un chargé de développement rural qui a compétence pour faire respecter les normes.

Dans la pratique, ces agronomes de Chefferie sont directement sous le contrôle du Groupement. Curieusement, ils reçoivent les ordres du chef de Poste d'encadrement administratif, qui, sur le plan administratif, est aussi le supérieur du chef de Groupement.

Nous avons observé que les moniteurs agricoles s'intéressent essentiellement à faire appliquer l'article 45 *b* du Décret du 5

---

[105] Selon l'agronome de la Chefferie, Monsieur Sarabuye, que nous avons rencontré à Nyangezi au mois de mai 2011, il ne fait rien que ce que son supérieur hiérarchique, l'agronome du Territoire, lui demande de faire. Il a un rôle administratif de coordination et de compilation des rapports des 16 agronomes des secteurs que compte la Chefferie de Ngweshe. Les agronomes de secteurs, à leur tour, agissent à travers les moniteurs agricoles à leur disposition (ils travaillent par village) pour donner des orientations aux paysans.

décembre 1933 sur l'administration des territoires occupés par les indigènes[106].

Cette disposition prévoyait à charge des indigènes ce qui suit :

1. Le débroussaillement et l'entretien des points de prises d'eau, des points de baignade et des points de rouissage du manioc, des fibres, etc., de manière à prévenir la multiplication des glossines ;
2. Le débroussaillement et l'entretien aux abords des villages, des galeries forestières bordant les cours d'eau, lacs, marais, etc. ;
3. Le débroussaillement et l'entretien en état constant de propreté des parcelles des impotents et des invalides ; la construction et l'entretien des latrines de ces indigènes ;
4. Le captage et l'aménagement des sources destinées à l'alimentation en eau de boisson des villages indigènes;
5. La construction de fosses à gadoues ou d'incinérateurs pour les ordures ménagères ;
6. L'assèchement des marais quand les circonstances ou les conditions locales le justifient.

Schématiquement, la charpente institutionnelle au niveau des Entités Administratives Décentralisées et Déconcentrées se présente de la manière précisée à la page 144 qui suit.

[106] Ordonnance 212/AIMO, portant mesures d'exécution de l'article 45 b du Décret du 5 décembre 1933, portant mesures imposées aux circonscriptions indigènes, in *Bulletin Agricole*, 1940, p. 964.

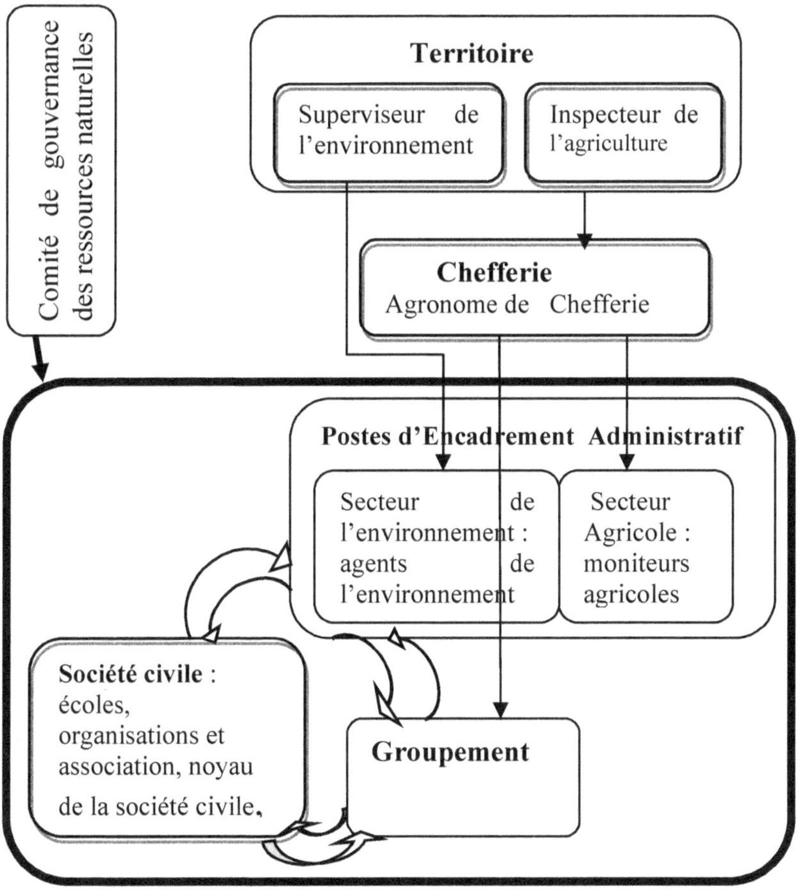

Schéma n° 1 : Interaction entre les institutions au niveau des Entités administratives décentralisées et déconcentrées.

Il y a, dans ce tableau, deux choses à ne pas confondre : les institutions administratives locales (Groupement, Poste d'encadrement administratif, Chefferie et Territoire, etc.) et les services spécialisés (agents de l'Environnement et de l'Agriculture, secteur de l'Environnement et de l'Agriculture, superviseur de l'Environnement, agronome de Chefferie).

Les services spécialisés sont des outils techniques mis à la disposition des institutions par l'Etat.

Le service répond techniquement du niveau hiérarchique supérieur pour le même service, mais répond administrativement de son institution d'attache. Dans la pratique, les agents sont soumis à une double autorité. S'il faut résoudre un problème pratique, dans la plupart des cas, c'est l'institution qui est suivie, mais cela ne donne pas toujours la meilleure solution parce qu'il s'agit de questions techniques.

En outre, l'obligation de collaboration n'est pas toujours de mise quand il s'agit de mettre en puissance ses prérogatives autoritaristes.

Au niveau le plus bas de la charpente administrative, qui est aussi le plus rapproché de la population, se construit une dynamique interinstitutionnelle regroupant toutes les forces vives de la population, y compris les autorités politico-administratives à la base, les autorités coutumières, les acteurs de la Société civile, les autorités religieuses. Tous s'unissent pour pallier tant soit peu les insuffisances de la législation en adoptant des mesures consensuelles qu'ils se chargent d'appliquer dans en appliquant des sanctions publiques ou celles qu'ils décident collectivement à travers les organes publics (la Police) ou les structures qu'ils adoptent de mettre en place.

§3. Le pouvoir des chefs coutumiers

La population congolaise ne s'est pas détachée des chefs coutumiers, en qui elle se retrouve et s'identifie, si l'on fait allusion à l'histoire et à la tradition, aux pratiques et modes de vie appropriés qui les distinguent les unes des autres.

Le pouvoir coutumier des chefs traditionnels est intimement lié à la terre. Ceux-ci la conservent et la distribuent entre les membres de la communauté, et en assurent la protection contre les invasions étrangères.

Aujourd'hui, on observe malheureusement que les membres des communautés obéissent de moins en moins aux chefs. Les raisons de cette situation sont multiples, et on ne peut difficilement prétendre les connaître parfaitement. On peut toutefois penser à certains éléments comme causes de la diminution des pouvoirs des chefs coutumiers, comme :

1. *L'effet de la succession* : le partage de l'héritage entraîne la division du patrimoine du *de cujus* entre ses nombreux successeurs et, partant, le morcellement du fonds en plusieurs morceaux, alors qu'autrefois, il constituait une unité. Tenant compte du fait que dans le Bushi, la richesse repose sur la terre ; le respect, la considération, et la valeur de l'homme sont fonction de ce qu'il possède comme terres. Il en découle logiquement que le fils de chef a moins de terres que son père, et, partant, dispose de moins de pouvoir et jouit de peu de considération. Cette réalité va croissant de générations en générations.

2. Généralement, les chefs traditionnels ont des descendances nombreuses. A la mort du père, les

champs sont partagés entre les nombreux fils qui, à leur tour, imitent les pères en engendrant de nombreux enfants. Les terres des membres des familles régnantes diminuent ainsi de superficie par individu et le processus se répète de génération en génération. On rencontre même des terres qui quittent la lignée royale parce qu'il y a un successeur qui n'y trouve pas d'intérêt et qui préfère investir dans une affaire différente que la terre.

3. *L'interposition de l'Etat* comme nouvelle institution de gouvernance et ayant englouti en son sein le pouvoir des chefs traditionnels, qui se sont trouvés soumis à un autre pouvoir hiérarchique. Avec le temps, le courant « droits de l'homme » et la démocratie ont entamé davantage le pouvoir des chefs en le soumettant à des restrictions nombreuses comportant l'égalité de tous devant la loi, le respect de la personne humaine, les libertés, etc. Les gens en sont arrivés à la phase de négociation des adhésions à un processus et des décisions, plutôt qu'à l'obéissance aux ordres du chef. Sans être mauvais, ces paramètres ont affecté les pouvoirs des chefs coutumiers.

4. *L'appauvrissement des chefs :* ne disposant plus de la substance des richesses, le chef n'a plus les moyens pour attirer les gens autour de lui. Dans les temps anciens, par contre, tout visiteur du chef était servi à satiété en nourriture et en boisson. Ainsi, une fois servi, on ne pouvait refuser de rendre service ou d'exécuter un ordre du chef.

5. *Les illusions* qu'entretiennent les descendants des chefs, qui pensent vivre l'aisance au-delà de celle de leurs parents. Ils espèrent la *tristitia de bono divino* qui les

conduit directement dans l'acédie, selon les dires de Pascal Ide[107]. Or, selon William Shakespeare, « *le masque du roi étouffe l'existence* »[108].

Globalement, l'on note une diminution sensible du pouvoir du sommet à la base. Les autorités à l'échelon bas de l'administration n'ont pas le pouvoir nécessaire pour la bonne gestion des ressources naturelles. En outre, leurs compétences et attributions ne sont pas clairement définies dans la Loi sur la décentralisation. La conséquence en est que les autorités ne savent pas que faire exactement dans la gestion des ressources naturelles. Et c'est la raison pour laquelle les questions se traitent tantôt au niveau national, tantôt au niveau provincial pour venir s'appliquer devant les autorités locales qui se trouvent déphasées. Par ailleurs, craignant un éventuel conflit de compétences avec la hiérarchie, les chefs locaux n'ont de voie que de laisser les supérieurs agir. Il faut donc un transfert réel des pouvoirs aux chefs à la base.

Section 4 : Etat des lieux des agents et institutions locales

Les institutions en charge de la gouvernance des ressources naturelles sont de deux ordres : les unes sont coutumières, c'est-à-dire créées par la coutume et reconnues par la loi ; les autres sont légales, c'est-à-dire créées par une loi, tel que le dit De

---

[107] Pascal Ide, Les 7 péchés capitaux ou ce mal qui nous tient tête, Inédit, Paris, 2002.

[108] William Shakespeare, *Œuvres complètes*, vol. 7, Acte III, 1, 83, Paris, Le Club Français du Livre, 1957.

Laubadère[109]. Après la guerre de 1998 et jusqu'à nos jours, les institutions publiques se heurtent à plusieurs problèmes liés notamment aux éléments ci après :

§1. Le vieillissement du personnel et son non remplacement

En effet, des fonctionnaires devraient déjà être mis en retraite, mais la retraite n'est pas organisée. Certains pensent qu'en République démocratique du Congo, la retraite n'est pas un repos, mais c'est l'antichambre de la mort[110]. A ce sujet, Patrick Dobel dit qu'il serait irraisonnable de renvoyer à la mort les gens qui, d'une certaine manière, ont fait preuve d'intégrité morale en restant en place sans être rémunérés[111]. A Kamanyola, dans le secteur de l'Environnement, sur un effectif de cinq agents, deux sont déjà vieux et auraient dû être retraités depuis 1999. Dans le secteur agricole, quatre agents sur trente sont vieux et devaient être à la retraite depuis 2005 ; à Nyangezi, dans le secteur de l'environnement, un agent sur les quatre existants a dépassé la moyenne d'âge, alors que dans le secteur agricole, sur treize agents, quatre sont vieux ; à Ikoma dans le secteur de l'Agriculture, tous les trois agents sont depuis longtemps candidats à la retraite.

---

[109] André De Laubadère, Jean-Claude Venezia, Yves Gaudemet, *Droit administratif*, 17ème éd., Paris, LDGJ, 2002, pp. 85-94.

[110] Théodore Trefon et Ngoy Balthazar, Parcours administratif dans un Etat en faillite, récits populaires de Lubumbashi, Paris, L'Harmattan, 2007, p. 13 et ss.

[111] Patrick Dobel J., *Intégrité morale et vie publique*, Paris, Nouveaux Horizons, 2003, p. 54 et ss.

§2. L'inexpérience des nouveaux cadres

Pour Emile Bongeli, la formation universitaire seule n'aide pas le pays à s'assurer une élite prête à participer au développement[112]. En plus de cela, ceux qui sont en place ne veulent pas former les nouveaux venus par crainte d'être jugulés et, à terme, de devenir inutiles et d'être jetés à la porte, comme le fait observer Antoine de Saint-Exupéry[113]. De plus nous avons observé que les anciens agents ne sont pas à jour par rapport aux technologies actuelles dans le domaine de la gestion des ressources naturelles. Les nouveaux cadres ne sont pas les mieux formés et c'est notamment le projet de bonne gouvernance qui a formé les moniteurs agricoles et agents de l'Environnement à l'utilisation du triangle à pente, que certains n'avaient jamais vu.

Les agents les moins expérimentés sont essentiellement les nouvelles unités. A Kamanyola, dans le secteur de l'Environnement, sur cinq agents, trois sont des nouvelles unités, et un dans le domaine de l'agriculture. A Nyangezi, sur un effectif de quatre agents, il y a une nouvelle unité dans le secteur de l'Environnement ; alors que dans le secteur de l'Environnement, sur treize, il y a neuf nouvelles unités. A Ikoma, dans le secteur de l'Environnement, le seul agent actif est non immatriculé depuis onze ans qu'il sert. Tandis qu'à Bugobe, il n'y a pas d'agent local.

---

[112] Emile Bongeli Yeikelo Ya Ato, *L'université contre le développement au Congo-Kinshasa*, Paris, L'Harmattan, 2009, p. 46.

[113] Antoine de Saint-Exupéry, *Terre des hommes*, Paris, Gallimard, Collection 1000 Soleils, 1981, p. 9 et ss.

§3. Le manque de capacités humaines, financières et techniques

Les informations recueillies dans les sites d'étude révèlent que les institutions en charge de la gouvernance des ressources naturelles n'ont pas les moyens pour en assurer un contrôle effectif et lutter contre sa déprédation. En l'espèce, ils n'ont pas de moyen de transport pour les déplacements, ni de moyens de communication ; pas de tenues pour les agents forestiers, et pas de matériels aratoires pour tracer les « coupe-feu », etc.

Le tableau repris à la page 152 qui suit fournit un aperçu général de la situation du personnel au sein des institutions en charge de la gouvernance des ressources naturelles dans les quatre sites concernés par notre étude.

		Kamanyola	Nyangezi	Ikoma	Bugobe
Service de l'environnement	Agents à retraiter	2	1	1	1
	Nouvelles unités	3	3	1	2
	Sous statut	0	0	0	0
	Total	5	4	2	3
Service de l'agriculture	Agents à retraiter	1	4	2	0
	Nouvelles unités	4	5	1	2
	Sous statut	0	4	0	0
	Total	5	13	3	2

Tableau n° 2 : *Répartition des agents dans les services publics étudiés*

Dans le contexte administratif de la République démocratique du Congo, il existe deux catégories d'agents. La première comprend les agents sous contrat. Ils sont soumis au statut de la Fonction publique. Ils sont dotés de numéros matricules. C'est la raison pour laquelle on les appelle « immatriculés ». Ceci leur confère des avantages tels que salaire régulier, emploi stable et protégé. Leur révocation requiert une procédure longue et lourde. Ils ont droit à tous les autres avantages sociaux, notamment le logement, les soins médicaux, etc.

Les agents non immatriculés sont théoriquement des aspirants à l'engagement. Ils n'ont pas encore signé de contrat avec l'Etat. Généralement, ils n'ont pas d'expérience professionnelle et sont dans une situation précaire. Ils peuvent être révoqués à tout moment, et cela sans procédure. C'est curieusement cette catégorie que l'on rencontre le plus souvent en République démocratique du Congo.

§4. L'accoutumance avec la communauté

Parfois, le personnel se trouve en difficulté de sanctionner un frère ou un ami. Et pourtant, ils devraient être formés comme des chiens de gardes qui, selon Platon[114], savent être violents envers l'ennemi tout en étant amènes et respectueux envers les citoyens. En effet, les agents de l'Etat en charge de la gouvernance des ressources naturelles vivent ensemble avec les communautés, partagent les mêmes souffrances et les mêmes activités. Ils vivent parfois dans les conditions plus médiocres que celles des membres de la communauté.

§5. Fortes hiérarchisation et centralisation

La faiblesse majeure du dysfonctionnement de l'Etat provient d'une logique de défiance généralisée. Celle-ci a pour conséquence l'excès de centralisation des administrations, leur difficulté à coopérer efficacement entre elles et avec leurs différents partenaires, l'accumulation sans limite des normes et des contrôles, etc. Et au bout du compte, l'absence de responsabilité claire. C'est du moins ce qu'ont remarqué Cannac et Trosa[115].

En République démocratique du Congo, l'essentiel des institutions en charge de la gestion forestière relève du ministère de l'Environnement, qui se trouve au niveau central. En fait, selon le Code forestier, la responsabilité de la gestion, de l'administration, de la conservation et de la surveillance des

---

[114] Platon, *La République*, Paris, Gallimard, Collection Folio, 1993.
[115] Yves Cannac et Sylvie Trosa, *La réforme dont l'Etat a besoin*, Paris, Dunod, 2007.

ressources forestières incombe au ministère de l'Environnement[116].

§6. Difficultés sociales et absence de motivation

Les fonctionnaires de l'Etat connaissent des problèmes communs qui sont à la fois d'ordre social et professionnel : manque de moyens de transport, manque de logement, absence de prise en charge médicale, salaire insuffisant (48.000 Francs congolais pour le plus élevé, soit l'équivalent d'environ 53 dollars américains). Les agents de l'administration en République démocratique du Congo ne sont, par ailleurs, pas rémunérés depuis plusieurs années. C'est pourquoi, selon Bayart[117], ils se mettent à pratiquer la politique du ventre, qui s'explique par les nécessités de survie et l'accumulation.

Section 5. De la répartition des compétences

En matière de gestion des ressources naturelles, il existe des matières exclusives et des matières concurrentes avec la province. La répartition en est faite aux dispositions des articles 201 et suivants de la Constitution du 18 février 2006 de la manière suivante :

---

[116] Robert Nasi et alii, Exploitation et gestion durable des forêts en Afrique Centrale, Paris, L'Harmattan, 2006.

[117] Bayart, Jean-François, *L'Etat en Afrique : la politique du ventre*, Paris, Fayard, 2010.

Matières exclusives du pouvoir central	Matières exclusives des provinces	Matières concurrentes entre le pouvoir central et la province
- Elaboration des programmes agricoles, forestiers, et énergétiques d'intérêt national et coordination des programmes d'intérêt provincial. - Les régimes énergétiques, agricoles et forestiers sur la chasse et la pêche, sur la conservation de la nature (flore et faune), sur la capture, sur l'élevage, sur les denrées alimentaires d'origine animal et	- Délivrance et conservation des titres immobiliers dans le respect de la législation nationale - Elaboration des programmes agricoles et forestiers et leur exécution conformément aux normes du planning national, affectation du personnel agricole,…, application de la législation nationale concernant l'agriculture, la forêt, la chasse et la pêche ainsi que	- Les droits fonciers et miniers, l'aménagement du territoire, le régime des eaux et des forêts - Protection des l'environnement des sites naturels, des paysages, et la conservation des sites - Réglementation sur les régimes énergétiques, agricoles et forestiers, l'élevage, les denrées alimentaires d'origine animale et

Matières exclusives du pouvoir central	Matières exclusives des provinces	Matières concurrentes entre le pouvoir central et la province
l'art vétérinaire	l'environnement, la conservation de la nature, ainsi que la capture des animaux sauvages, l'organisation et le contrôle des campagnes agricoles, la fixation des prix des produits agricoles	végétale.

Tableau n°3 : *Répartition des compétences entre institutions nationales et provinciales*

Au chapitre des rapports entre le pouvoir central et les provinces, ainsi que des rapports entre les provinces et les Entités Territoriales Décentralisées, il est prévu à l'article 187 que dans le domaine de leurs compétences respectives, le pouvoir central entretient avec les provinces et les Entités Territoriales Décentralisées des relations d'assistance, de soutien et d'harmonisation de ses actions avec les leurs. Il en contrôle les actions dans les limites des prérogatives lui dévolues par la Constitution, les lois et règlements particuliers de la République. Les provinces et les Entités décentralisées se soumettent à la Constitution, aux lois et règlements de la République et contribuent au renforcement de l'unité nationale.

Les provinces assurent l'exécution des lois et règlements de la République et des édits auprès des Entités Territoriales Décentralisées sans empiéter sur les compétences leur dévolues par la loi sur la décentralisation et les textes particuliers. Il en est de même des Entités Territoriales Décentralisées pour ce qui est du respect des prérogatives et compétences des provinces et du niveau national.

Il y a lieu de remarquer que les pouvoirs ne sont pas clairement définis pour les niveaux provincial et national. Les mêmes compétences sont prévues à la fois pour les provinces et pour le niveau national, et parfois ils les possèdent concurremment : « *Qui doit faire quoi ?* ». On est ici en face d'une cacophonie législative, et dans ces conditions, il est possible que chacun se réserve d'agir ou agisse là où il ne le fallait pas.

Section 6. Le processus législatif dans la gouvernance des ressources naturelles

§1. Origine des lois

Les lois, entendues comme actes du pouvoir législatif, sont le produit du Parlement national. Les actes identiques au niveau provincial sont appelés les *Edits*. Leur élaboration suit un processus qui part de l'initiative à la promulgation.

L'initiative des lois appartient aux députés, qui soumettent à l'Assemblée des *propositions* qu'ils ont conçues eux-mêmes, ou qu'ils tiennent d'origines diverses : un groupe de citoyens, individus ou organisations de la Société civile, le parti politique, etc.

Les membres du gouvernement ou ministres peuvent aussi présenter un *projet* de loi au Parlement.

L'article 130 de la Constitution du 18 février 2006 dispose : « *L'initiative des lois appartient concurremment au gouvernement, à chaque député et à chaque sénateur.*

Les projets de lois adoptés par le gouvernement en Conseil des ministres sont déposés sur le bureau de l'une des chambres ».

Le gouvernement dispose de quinze jours pour donner son avis sur les projets de loi qui lui sont notifiés pour information par le parlement.

La population peut faire voter la loi qu'elle désire en faisant un projet de proposition à son député à travers les différents contacts que celui-ci doit avoir avec sa population de base.

Au sens large de « lois » on trouve les lois édictées par le parlement, les Ordonnances du président de la République, des Décrets du Premier ministre, les Arrêtés des ministres, des gouverneurs, les mesures de police prises par les autorités aux niveaux plus bas tels ceux de la Municipalité, de la Territoriale,... Cette dernière catégorie de textes ne fait pas l'objet de débats en assemblée des élus du peuple. Ils sont directement pris par l'autorité qui en a légalement compétence. Ici encore, la population a la possibilité de faire passer ses *desiderata* dans une des ces différentes catégories en influençant l'autorité habilitée.

§2. La participation populaire dans la gestion des ressources naturelles

La participation de la population dans la gouvernance des ressources naturelles se fait soit directement, soit à travers les représentants du peuple.

1. La participation directe

Cette forme de participation est possible dans les petites communautés telle la communauté d'une localité rurale. Ici, la population participe directement à la prise des décisions en assistant aux assemblées populaires locales. Les lois sont prises par des processus consensuels adoptés localement.

Elle serait la plus efficace dans le cadre de la gouvernance des ressources naturelles car les membres adoptent ces lois et les modifient selon les pratiques et modes de vie.

2. La participation à travers les représentants

Dans cette forme de participation, la population se choisit des représentants auxquels elle donne mandat de la représenter : agir, défendre, orienter les actions pour son compte et en sa faveur. C'est le système qui est pratiqué dans le système moderne.

Ce système présente des imperfections parce qu'il est difficile de contrôler et orienter les actions du mandataire. Généralement le mandat des députés, qui sont les représentants du peuple, n'est pas impératif. Le député a donc une certaine liberté d'action par rapport à sa base et ne fait pas toujours ce que veut celle-ci. Le député qui se détourne des intérêts de sa base peut subir une sanction, mais c'est parfois trop tard.

§3. La mise en œuvre des lois

Les lois votées par le Parlement terminent leur cursus législatif par la promulgation par le président de la République, étape finale par laquelle la loi acquiert force exécutoire.

Généralement, la loi dispose de l'autorité qui est chargée de sa mise en exécution. Les autres lois (Ordonnances du président de la République, Décrets du Premier ministre, Arrêtés des ministres ou des gouverneurs), sont directement appliquées après leur édiction par les différentes autorités concernées.

Le parcours législatif pourrait se représenter schématiquement comme suit :

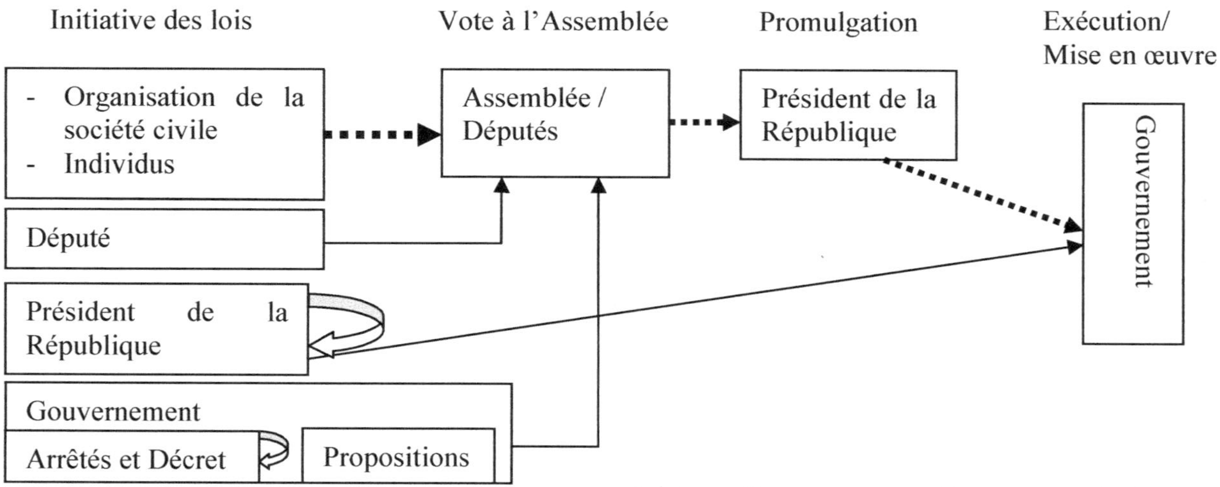

Schéma n°2 : *Processus d'élaboration des lois*

Section 7. Conventions internationales ratifiées par la République démocratique du Congo en matière d'environnement

La politique internationale a mis en place des mécanismes pour garantir la conservation des ressources naturelles, qu'il s'agisse des ressources fauniques ou floristiques. Les hautes instances internationales adoptent des conventions et signent des traités divers dans ce domaine. Ces conventions sont soient bilatérales, soit multilatérales.

A titre illustratif, la Convention phytosanitaire pour l'Afrique au Sud du Sahara[118]. Les initiatives phytosanitaires pour l'Afrique au Sud du Sahara ont commencé par la signature de la première convention à Londres en date du 29 juillet 1954. Celle-ci a connu un premier amendement, toujours à Londres, le 11 octobre 1961. Sa version actuelle a été adoptée en Conseil des ministres de l'Organisation de l'Unité Africaine tenu à Kinshasa en septembre 1967. Elle devint la Convention phytosanitaire pour l'Afrique.

A travers cette convention, les Etats africains, dont la République démocratique du Congo, s'étaient engagés à prendre des mesures de quarantaine, de contrôle ou d'inspection, et à mettre en place un dispositif législatif approprié pour assurer le contrôle nécessaire pour l'importation des végétaux. De manière générale, ce contrôle concerne les organismes vivants, végétaux ou fragments des végétaux, les semences, les terres ou terreaux, ou matériels d'emballage, pour

---

[118] Consulté le 30 mars 2012 sous le lien http://www.africaunion.org/Official_documents/Treaties_Conventions_fr/Convention%20phytosanitaire%20pour%20l%20Afrique.pdf.

autant que ces éléments puissent constituer un danger pour l'Afrique.

Dans ce même ordre, il a été adopté la Convention africaine sur la conservation de la nature et des ressources naturelles[119] avec pour objectifs, entre autres, de promouvoir la conservation et l'utilisation durable des ressources naturelles; d'harmoniser et de coordonner les politiques dans ces domaines en vue de mettre en place des politiques et des programmes de développement qui soient écologiquement rationnels, économiquement sains et socialement acceptables. À cet effet, les Etats parties s'obligent à prendre toutes les mesures nécessaires de prévention et à l'application du principe de précaution, cela en tenant compte des valeurs éthiques et traditionnelles ainsi que des connaissances scientifiques dans l'intérêt des générations présentes et futures.

Elle vise entre autres la conservation de la diversité biologique, l'utilisation durable de ses éléments et le partage juste et équitable des avantages découlant de l'exploitation des ressources génétiques.

L'Accord international sur les bois tropicaux[120] vise à organiser le commerce international des bois tropicaux et à garantir l'exploitation durable des forêts. Cet accord encourage les membres à soutenir et à développer des activités de

---

[119] Consultée le 30 mars 2012 sous le lien http://fr.search.yahoo.com/search;_ylt=A7x9Qb3piMNPOXcAlYtjAQx.?p=%20convention%20africaine%20sur%20la%20conservation%20des%20ressources%20naturelles&fr2=sb-top&fr=ush1-mail&rd=r1

[120] *Accord international de 2006 sur les bois tropicaux*, Conférence des Nations unies pour la négociation d'un accord destiné à succéder à l'Accord international de 1994 sur les bois tropicaux, Quatrième partie, Genève, 16-27 janvier 2006, Point 7 de l'ordre du jour.

reboisement en bois tropicaux, ainsi que la remise en état et la restauration des terres forestières dégradées, compte dûment tenu des intérêts des communautés locales qui dépendent des ressources forestières. Il renforce ainsi la capacité des membres d'améliorer l'application du droit forestier et la gouvernance, et de lutter contre l'abattage illégal de bois tropicaux et le commerce lié.

Pour protéger les espèces menacées d'extinction sur la planète, l'Organisation des Nations Unies a adopté la Convention sur le commerce international des espèces de faune et de flore sauvage menacées d'extinction (ou CITES)[121]. Cette convention oblige tous les Etats parties à surveiller et empêcher le commerce incontrôlé, sur leur territoire de transactions, des espèces qui risquent de disparaître suite à une exploitation accrue.

[121] La convention a été signée à Washington le 3 mars 1973, et amendée à Bonn le 22 juin 1979. Voir le lien http://www.cites.org/fra/disc/F-Text.pdf .

CONCLUSION

La gestion des ressources naturelles en République démocratique du Congo a une histoire et a évolué en passant par plusieurs formes selon les époques et les régimes politiques qui ont caractérisé le pays.

A l'époque coloniale, le pays a connu une riche législation portant une réglementation dont la substance était pour l'essentiel axée sur la sécurisation foncière et la salubrité publique. Cette législation ne distinguait pas le foncier et le forestier. La confusion de cette époque se justifie par le fait que les deux niveaux ne se distinguaient pas. Les aspects forestiers et ceux portant sur les arbres n'intéressaient le législateur que pour leur valeur économique.

S'agissant de l'eau, il y a peu seulement qu'elle a été considérée comme une ressource distincte et individualisée. La conservation de l'eau pour son rôle écologique est une innovation issue de récentes évolutions, tout comme celle des arbres et de la forêt, d'ailleurs. La considération du rôle primordial que les arbres jouent dans l'équilibre écologique découle de la prise de conscience par l'humanité du danger que la planète court par les pollutions à travers les gaz à effet de serre qui détruisent la couche d'ozone. Pareillement, les eaux sont objet de pollution.

Nous avons observé une contradiction frontale entre les dispositions de la Loi foncière (article 53) et l'article 9 de la Constitution du 18 février 2006. Il conviendrait que les dispositions de la Loi foncière suivent l'évolution consacrée par la Constitution.

Il ressort des considérations reprises ci-dessus qu'il existe une législation dans plusieurs domaines sur chacune des ressources naturelles, mais que pour certains secteurs, comme la définition des compétences, les lois sont floues. Il y a aussi des considérations environnementalistes qui devraient être codifiées pour encadrer les actions de l'homme sur l'environnement à travers les ressources naturelles, mais qui sont restées loin des préoccupations du législateur. C'est le cas des différentes techniques culturales introduites par les scientifiques sur les différents types de terrains et le type des plantes à intégrer. Sur les terrains en pente, par exemple, il y a lieu de légiférer sur la façon de cultiver dans un sens ou dans un autre selon les recommandations des spécialistes. En outre, il faut décrier le relâchement des moniteurs agricoles, qui sont pourtant des agents affectés dans les secteurs ruraux pour encadrer les communautés dans les façons de conserver les ressources naturelles. Les communautés, abandonnées à elles-mêmes, se comportent comme des troupes sans maître. Il est à observer que toutes les pratiques culturales que les moniteurs agricoles apprenaient aux communautés, les différents systèmes d'intégration, qui, une fois codifiés contribueraient efficacement à la conservation de l'environnement, ne sont reprises dans aucun texte juridique.

Il a été fait état d'une absurdité législative par rapport à la détermination des compétences des différentes autorités au niveau national, provincial et local. Les compétences sont définies pour les autorités provinciales et au-delà. Au bas de l'échelle administrative, il n'y a pas de précisions légales sur les responsabilités des acteurs. Ils doivent attendre la décision de l'autorité hiérarchique. Cette forte centralisation empêche les responsables locaux d'initier des actions, même quand elles sont importantes pour les administrés.

Par contre, il convient de reconnaître la contribution des textes existants dans le domaine forestier. Le Code forestier et ses différentes mesures d'application contiennent des dispositions efficaces et appropriées pour une bonne gouvernance des forêts et des arbres, mais toutes ne sont pas mises en pratique à cause, notamment, des situations politiques multiples et compliquées qui bouleversent le fonctionnement de tout le système étatique.

Ces observations appellent qu'il faudrait que l'autorité politique puisse :

1. Harmoniser les différentes lois, particulièrement le Code foncier et le Code forestier avec la Constitution parce que la contradiction entre les textes est base d'insécurité juridique ;
2. Transférer concrètement et expressément des pouvoirs précis aux autorités au niveau des Entités administratives décentralisées ;
3. Codifier toutes les pratiques scientifiquement prouvées comme efficaces pour assurer leur application par les populations ;
4. Restaurer le système d'encadrement agricole par les agents affectés dans les terroirs villageois et renforcer les capacités de ces agents ;
5. Renforcer les capacités opérationnelles des services spécialisés dans la conservation des ressources naturelles.

INDEX

B

C

E

F

G

M

N

O

P

Q

R

U

INDICATIONS BIBLIOGRAPHIQUES

Ouvrages généraux et spéciaux

Axel Thaux, Imre Kovalovszky et Nicolas Bernard, *Précis de méthodologie juridique*, Publication des Facultés Universitaires Saint-Louis, Bruxelles, 2000, 749 p.

Bayart Jean-François, *L'Etat en Afrique : la politique du ventre*, Paris, Fayard, 2010, 439 p.

Bennett Richard et Nicholson J., Robert, *La papauté et sa politique économique: propriété collective et vol*, consulté le 05 juillet 2012 sous le lien http://www.bereanbeacon.org/articles_french/La_papaut%E9_et_sa_politique_%E9conomique.pdf.

Bigombe Logo Patrice et Loubaky Moundele Chanel, « Recherche sur les bonnes pratiques pour la mise en œuvre des principes de la Convention 169 de l'OIT », *La consultation et la participation des populations autochtones « pygmées» à l'identification et la protection de leurs usages des ressources forestières et fauniques dans l'aménagement forestier : expérience de l'UFA Kabo de la CIB Nord du Congo*, Brazzaville, 2008.

Biebuyck, *Le problème des terres du Congo dans ses rapports avec les systèmes fonciers traditionnels*. Synthèses 14, Inédit, 1960, 13 p.

Bongeli Yeikelo ya Ato Emile, *L'université contre le développement au Congo-Kinshasa*, Paris, L'Harmattan, 2009, 302 p.

Bongeli Yeikelo ya Ato Emile, *D'un Etat-bébé à un Etat congolais responsable*, Paris, l'Harmattan, 2008, 243 p.

Breillat Dominique, *Libertés publiques et droits de la personne humaine*, Paris, Gualimo éditeur, 2003, 290 p.

Calame Pierre et André Talmant, *L'Etat au cœur. Meccano de la gouvernance,* Paris, Desclée de Brouwer, 1997, 24 p.

Chimanuka, *Implication des populations dans la protection des richesses naturelles du PNKB*, in « Kivu Safari », n° 065-066, Inédit, Août-Sept.-Oct. 2003.

De Laubadère André, Venezia Jean Claude, Gaudemet, Yves, *Traité de droit administratif*, t. 1, 15ème éd. Paris, LDGJ, 1999, 1.107 p.

De Laubadère André, *Traité élémentaire de droit administratif*, 2ème éd., LGJD, Paris, 1971, 460 p.

De Saint-Exupéry Antoine, *Terre des hommes*, Paris, Gallimard, Collection 1000 Soleils, 1981, 56 p.

Debbasch Charles, *Droit administratif*, 6ème éd., Economica, Paris, 2002, consulté le 14 novembre 2010 sous le lien http://www.rueducommerce.fr/m/ps/mpid:MP-02CCCM3007395#moid:MO-5620EM6455495.

Dobel J. Patrick, *Intégrité morale et vie publique*, Paris, Nouveaux Horizons, 2003, 284 p.

Cannac Yves et Trosa Sylvie, *La réforme dont l'Etat a besoin*, Paris, Dunod, 2007, 304 p.

Colle, *Essai de monographie des Bashi*, Centre d'Etudes des Langues Africaines, Inédit, Bukavu, 1971, 282 p.

Failloux François et Lee Talbot, *Crise et opportunité, environnement et développement en Afrique*, Paris, Maisonneuve, 1992,444 p.

Fernandez Alain, *Balanced scorecard ou tableau de bord prospectif,* consulté le 30 juin 2012 sous le lien http://www.piloter.org/balanced-scorecard/index.htm

Gary Sakata, *L'Etat congolais conserve-t-il sa souveraineté exclusive sur le sol et le sous-sol ? Analyse de l'article 9 de la Constitution du 18 février 2006*, Inédit, 2008, 24 p.

Haumont François, *Les instruments juridiques de la politique foncière*, Bruxelles, Story Scientia, 1990, 577 p.

Heyse Thomas, *Le domaine de l'Etat*, in Les novelles, "Droit colonial", t. 1, Les Editions Edmond Picard, Bruxelles, Décembre 1931, 813 p.

Ide Pascal, *Les 7 péchés capitaux ou ce mal qui nous tient tête*, Paris, 2002, consulté le 16 juillet 2011 sous le lien http://www.chapitre.com/CHAPITRE/fr/BOOK/ide-pascal/les-7-peches-capitaux-ou-ce-mal-qui-nous-tient-tete,26559687.aspx

Jacques M. Chevalier et Daniel J. Buckles, *Guide sur la recherche collaborative et l'engagement social,* IDRC, Ed. ESKA, Ottawa, 2009, 363 p.

Kalambay Lumpungu Georges, *Régime foncier et immobilier,* Kinshasa, PUZ, 1985, 331 p.

Kangulumba Mbambi et alii, *La loi du 20 juillet1973 portant régime général des biens, régime foncier et immobilier et régime des sûretés au Congo. Trente ans après : quel bilan ? Essai d'évaluation*, Louvain-la-Neuve, Ed. Kazi, Kinshasa, 2004, 237 p.

Kouassigan, *L'homme et la terre*, Paris, Berger-Levrault, 1966, 283 p.

Lokula Mbuse, *Intégration socio-économique et politique des pygmées dans la collectivité-chefferie de Mambasa*, Mémoire, Inédit, Unikis, 1997, 98 p.

Malengreau Georges, *Les droits fonciers coutumiers chez les indigènes du Congo : essai d'interprétation juridique*, Inédit, 1974, 275 p.

Max Falque et Michel Mazenet, *Droit de propriété et environnement*, Dalloz, Paris, 1997, 372 p.

Mercier Clément, *Participation citoyenne et développement des communautés au Québec*, Janvier 2009, consulté le 23 juin 2012 sous le lien http://www4.uqo.ca/observer/DevLocal/Gouvernance/participation

Michela Mayer et Johannes Tschapka, *Impliquer les jeunes dans le développement durable, Apprendre et enseigner le développement durable dans l'enseignement secondaire*, consulté le 10 mai 2012 sous le lien http://ensi.org/mediaglobal/downloads/Publications

Nasi Robert, J-C. Nguinguiri, Driss Ezzine de Blas, *Exploitation et gestion durable des forêts en Afrique Centrale,* Paris, L'Harmattan, 2006, 403 p.

Oyono Phil René, *La tenure foncière et forestière en République démocratique du Congo : une question critique et vue centrifuge. Une revue de la littérature*, Rapport d'étude effectué pour le compte de RRI, Yaoundé, 2011, 31 p.

Ost François et Gutwirth Serge, *Quel avenir pour le droit de l'environnement ?*, Bruxelles, Vubpress, 1996, 487 p.

Ost François, *L'évaluation des incidences sur l'environnement, un progrès juridique*, Bruxelles, FUSL, 1991, 304 p.

Plateau Jean Philippe, *Droit de propriété et gestion efficace des ressources naturelles*, Bruxelles, IDDRI, 2003, 40 p.

Platon, *La République*, Paris, Les Belles Lettres, 1948, 349 p.

Polepole Buhendwa Paulin, *Le droit de l'environnement face aux droits fonciers des populations locales*, Mémoire, Inédit, UCB, 2005, 112 p.

Pougoua Towa Félicité, *Réforme du code camerounais, le gouvernement compte sur la participation du peuple,* Inédit, 2001, consulté sous le lien http://base.afrique-gouvernance

Shakespeare William, *Œuvres complètes*, Paris, Editions Gallimard, 1959, 1.454 p.

Trefon Théodore et Balthazar Ngoy, *Parcours administratif dans un Etat en faillite, récits populaires de Lubumbashi*, Paris, L'Harmattan, 2007, 21 p.

Torquebiau Emmanuel et Taylor Russel, D., *Natural Resource Management and Local Development,* Vol. 12, 1st Edition, New York, Springer, 2011, VI, 242 p.

Textes légaux nationaux

Constitution de la République démocratique du Congo du 18 février 2006.

Décret royal du 6 mai 1952, sur les concessions et l'administration des eaux des lacs et des cours d'eau.

Décret-loi 082 du 2 juillet 1998, portant statut des autorités chargées de l'administration des circonscriptions territoriales de la République démocratique du Congo.

Décret-loi 081 du 2 juillet 1998, portant organisation territoriale et administrative de la République démocratique du Congo.

Décret-loi 031 du 8 octobre 1997 sur la dénomination des Entités et autorités administratives.

Décret-loi 082 du 2 juillet 1998 sur l'administration des circonscriptions territoriales et le statut des autorités.

Décret-loi 083 du 2 juillet 1998 sur les Inspecteurs de la Territoriale.

Code foncier, Loi n° 73-021 du 20 juillet 1973 portant régime général des biens, régime foncier et immobilier et régime des sûretés, telle que modifiée et complétée par la loi n° 80-008 du 18 juillet 1980.

Ordonnance 78-054 bis du 21 janvier 1978, fixant l'organisation, les attributions et le cadre organique des services administratifs des localités.

Ordonnance 78-054 bis du 21 janvier 1978, portant services administratifs des villages.

Décret du 06 mai 1952 sur les concessions et l'administration des eaux, des lacs et des cours d'eau.

Loi 074-009 du 10 juillet 1974, portant délimitation de la mer territoriale de la République du Zaïre.

Loi 11/022 du 24 décembre 2011, portant principes fondamentaux relatifs à l'agriculture.

Loi 11/2002 du 29 août 2002, portant Code forestier.

Ordonnance sur la pollution et contamination des sources, lacs, cours d'eau et parties de cours d'eau.

Ordonnance 51-167 du 4 juin 1957, réglementant l'importation de plants de bananiers et de sacs perforés en polyéthylène sur le territoire de la colonie (B.A., 1957, p. 1221).

Ordonnance 52-443 du 21 décembre 1952, portant mesures propres à protéger les sources, nappes aquifères souterraines, lacs et cours d'eau, à empêcher la pollution et le gaspillage de l'eau et à contrôler l'exercice des droits d'usage et des droits d'occupation concédés.

Conventions et accords internationaux

Organisation de l'Unité Africaine, *Convention phytosanitaire pour l'Afrique au Sud du Sahara*, Addis-Abeba, Conseil des ministres, Neuvième session ordinaire, Kinshasa, septembre 1967 ; CAB/LEG/24.4/11.

Convention africaine sur la conservation de la nature et des ressources naturelles, adoptée par la deuxième session ordinaire de la conférence de l'Union tenue à Maputo (Mozambique) le onzième jour de juillet deux mille trois.

Accord international sur les bois tropicaux, Conférence des Nations Unies pour la négociation d'un accord destiné à succéder à l'Accord international de 1994 sur les bois tropicaux, Quatrième partie, Genève, 16-27 janvier 2006, Point 7 de l'ordre du jour.

Convention sur le commerce international des espèces de faune et de flore sauvage menacées d'extinction (ou CITES), signée à Washington le 3 mars 1973 et amendée à Bonn le 22 juin 1979.

Autres

Anonyme, *Environnement, grand public*, http://metiers.regionpaca.fr/uploads/media/Environnement.pdf (consulté le 1er juin 2012)

Anonyme, « *Biologie et société* »*Rôle social de l'université*, consulté le 10 mai 2012 sous le lien http://www.bigre.ulb.ac.be/Users/jvanheld/biologie_societe/pdf_files/5.1.role_social_universite_dias.pdf

TABLEAUX ET SCHEMAS

TABLE DES MATIERES

Questions juridiques

aux éditions L'Harmattan

Dernières parutions

DÉPLACEMENTS (LES) DE POPULATION DUS AU CHANGEMENT CLIMATIQUE
Mayoussier Amélie
Le changement climatique exacerbe les phénomènes extrêmes avec des conséquences directes sur les conditions de vie, la santé et le bien-être des individus. Face à la multitude des scénarii de violations des droits de l'homme, il devient urgent de trouver des solutions juridiques aux problèmes des déplacements de population engendrés par ces perturbations.
(14.00 euros, 128 p.)
ISBN : 978-2-336-00704-5, ISBN EBOOK : 978-2-296-53151-2

RECHERCHES SUR LA DOCTRINE DE L'ADMINISTRATION
Tamzini Wafa - Préface de Maryse Deguergue
Il faut distinguer la doctrine de l'administration de son expression, traduite par des doctrines administratives. La doctrine élaborée par l'administration n'est pas toujours publiée et sa publication ne signifie pas qu'elle soit correctement diffusée. Une doctrine publiée ne signifie pas pour autant la possibilité de l'invoquer lors d'une instance. Le seul critère d'identification d'une doctrine administrative est en fait celui de la présence ou non d'une interprétation administrative.
(Coll. Logiques Juridiques, 55.00 euros, 690 p.)
ISBN : 978-2-336-29052-2, ISBN EBOOK : 978-2-296-53219-9

GERTI HESSELING – À l'ombre du droit
Actes du colloque de l'UFR Sciences Juridiques et Politiques de l'université de Saint-Louis des 15 et 16 décembre
Sous la direction de Mouhamadou Moustapha Aïdara
Le professeur Gerti-Hesseling a contribué de manière significative à l'enrichissement de la science juridique et politique africaine et à la promotion de l'enseignement supérieur en Afrique. Ce livre collectif qui lui rend hommage réunit quatre thèmes majeurs : droit foncier et gestion des ressources naturelles ; droits humains, paix et développement ; urbanisme et aménagement du territoire ; pouvoir, droit et démocratie.
(25.00 euros, 248 p.)
ISBN : 978-2-336-00056-5, ISBN EBOOK : 978-2-296-53183-3

RÉGIME (LE) JURIDIQUE DES ASSOCIATIONS EN DROIT PUBLIC CAMEROUNAIS
Keutcha Tchapnga Célestin - Préface du professeur Alain Ondoua
L'ensemble législatif donne aux règles applicables en matière d'association un visage dominé par le souci de préserver à la fois l'intérêt général et l'ordre public,

de favoriser le développement économique, culturel, social et de promouvoir davantage les droits et libertés. Comment le législateur a-t-il résolu ces différentes préoccupations, difficilement conciliables entre elles ?
(Coll. Harmattan Cameroun, 21.00 euros, 202 p.)
ISBN : 978-2-343-00225-5, ISBN EBOOK : 978-2-296-53218-2

PRÉSERVATION (LA) DES ARCHIVES PRIVÉES ET L'INTÉRÊT PUBLIC – Mutations et ruptures
Sous la direction de Marie Cornu et Jérôme Fromageau
Le thème de l'avenir des archives en Europe soulève plusieurs séries de questions. D'abord se pose la question de l'espace pertinent dans lequel se déploient les politiques publiques en matières d'archives et plus spécialement du rôle des entités locales en la matière. Puis viennent en débat les conditions d'accès et de communication des documents publics. Ces différents points sont ici abordés dans plusieurs systèmes (droit belge, italien, français) et dans une perspective européenne et internationale.
(Coll. Droit du Patrimoine culturel et naturel, 17.50 euros, 164 p.)
ISBN : 978-2-336-29102-4, ISBN EBOOK : 978-2-296-51685-4

«JUDICIARISATION» (LA) DES OPÉRATIONS MILITAIRES
Thémis et Athéna
Barthélémy Christophe - Préface du Général Henri Bentégeat
«L'art de la guerre» est régi par des règles qui lui sont propres. Mais le droit des conflits armés est désormais happé par le droit commun. Depuis la Révolution, les armées sont à la fois l'outil de l'État et l'incarnation de la Nation. Le surgissement de la procédure pénale dans l'univers des opérations révèle le décalage entre les exigences de l'état militaire et celles de la société civile contemporaine. Cet essai en examine les causes et les conséquences.
(27.00 euros, 274 p.)
ISBN : 978-2-336-00534-8, ISBN EBOOK : 978-2-296-51445-4

RÉFORME (LA) DE LA GARDE À VUE
Sous la direction de Christine Courtin
Les contributions ici réunies apportent un éclairage à la fois théorique et pratique sur la réforme de la garde à vue. Cette phase, cruciale dans le cadre du procès pénal, illustre toute la difficulté qu'il peut y avoir à concilier en la matière des intérêts antagonistes : d'une part, les intérêts de la société qui exigent la nécessaire recherche des auteurs d'infractions et, d'autre part, la protection des droits de la personne privée de sa liberté.
(Coll. Droit privé et sciences criminelles, 14.50 euros, 124 p.)
ISBN : 978-2-336-29003-4, ISBN EBOOK : 978-2-296-51230-6

QUESTION (LA) PRIORITAIRE DE CONSTITUTIONNALITÉ
Belloir Philippe
Depuis le 1er mars 2010, tout justiciable peut soutenir, à l'occasion d'un procès, lorsqu'une disposition législative porte atteinte aux droits et libertés que la Constitution garantit, une question prioritaire de constitutionnalité (QPC). Cet ouvrage examine cette nouvelle voie de droit en adoptant un plan calqué sur le

déroulement de la QPC. Il est un guide juridique indispensable pour comprendre et mettre en oeuvre ce droit pour les professionnels et les justiciables.
(Coll. La justice au quotidien, 13.50 euros, 120 p.)
ISBN : 978-2-336-29011-9, ISBN EBOOK : 978-2-296-51339-6

SOCIÉTÉS ET ÉTABLISSEMENTS STABLES EN DROIT FISCAL INTERNATIONAL ET DE L'UNION EUROPÉENNE
Riu Isabelle - Préface de Daniel Gutmann
La forme juridique d'exercice d'une activité est particulièrement importante dans le cadre d'activités transfrontalières : le choix de la structure d'implantation n'est pas neutre au regard des impôts directs en droit interne, en droit fiscal international et en droit de l'Union européenne. Cette approche met en évidence les difficultés d'harmonisation des impôts directs au sein de l'UE et ouvre une réflexion sur les liens entre le territoire et l'imposition des activités.
(Coll. Finances publiques, 48.00 euros, 536 p.)
ISBN : 978-2-336-00595-9, ISBN EBOOK : 978-2-296-51370-9

SÉCURITÉ, LIBERTÉS ET LÉGISTIQUE
Autour du Code de la sécurité intérieure
Sous la direction de Pascal Mbongo et Xavier Latour
Le Code de la sécurité intérieure français est ici envisagé comme un miroir de l'autorité publique et de l'État de droit au début du XXIe siècle. Ce livre plaide en faveur d'une plus grande figuration académique du droit public de la sécurité intérieure et de la police vis-à-vis du droit répressif, pour apporter de la sécurité aux sciences juridiques.
(Coll. Logiques Juridiques, 27.50 euros, 278 p.)
ISBN : 978-2-336-29070-6, ISBN EBOOK : 978-2-296-51271-9

SEXUALITÉ, LIBERTINAGE, ÉCHANGISME ET DROIT
Delga Jacques
Le Droit européen a aboli notre morale sexuelle et religieuse pour la laïcité, entraînant une perte de repères. L'ouvrage en explique les raisons. Après une étude sociologique sur la sexualité, l'échangisme et le libertinage, un examen juridique du fondement actuel de notre droit, de ce qui est autorisé et interdit en matière de libertinage est présenté. Suit une recherche sur la situation juridique des clubs échangistes et de leurs exploitants.
(31.00 euros, 300 p.)
ISBN : 978-2-336-00834-9, ISBN EBOOK : 978-2-296-51349-5

DOUANE (LA) AU COEUR DE LA STRATÉGIE INTERNATIONALE DES ENTREPRISES – Du contrôle au partenariat
Hyeans Andy
Depuis le 11 septembre 2001, l'administration des douanes doit faciliter les échanges dans un monde ultracompétitif tout en les contrôlant dans un monde dangereux où la moindre faille de sécurité peut être exploitée. Ce livre présente les mutations engagées par les douanes et leurs conséquences. Il propose aussi des préconisations pour en tirer profit dans une stratégie d'entreprise et en faire un avantage concurrentiel.
(Coll. Logiques Juridiques, 28.00 euros, 274 p.)
ISBN : 978-2-336-29019-5, ISBN EBOOK : 978-2-296-51394-5

RÉGIONALISME ITALIEN ET RÉGIONALISME FRANÇAIS – Aspects constitutionnels, administratifs et fiscaux
Sous la direction de Alberto Lucarelli et Michel Verpeaux
La France et l'Italie, pays considérés comme unitaires, reconnaissent aux régions des pouvoirs locaux. Pourtant les régionalismes de ces pays sont fort éloignés, tant du point de vue constitutionnel, administratif que fiscal. La comparaison est riche d'enseignements : l'Italie rencontre des difficultés quant à la place respective de l'Etat et des régions ; en France, les régions ne disposent pas encore de compétences à la mesure de leurs territoires.
(Coll. Logiques Juridiques, 22.00 euros, 222 p.)
ISBN : 978-2-336-00337-5, ISBN EBOOK : 978-2-296-51219-1

PROTECTION (LA) DU LOCATAIRE-GÉRANT EN DROIT OHADA
Muberankiko Gervais
Dans le domaine des affaires, certaines personnes sont obligées de recourir à la location-gérance. La question qui se pose est d'apprécier la protection que le droit OHADA a prévue pour le locataire-gérant qui exploite le fonds d'autrui. Dans ce cadre, le législateur a prévu certaines mesures protectrices du locataire-gérant, mais ces mesures sont insuffisantes, malgré la révision de l'acte uniforme OHADA portant droit commercial général en décembre 2010.
(Coll. Etudes africaines, 14.00 euros, 130 p.)
ISBN : 978-2-336-00913-1, ISBN EBOOK : 978-2-296-51514-7

HARCÈLEMENT MORAL DANS LA VIE PRIVÉE
Une guerre qui ne dit pas son nom
Pourquoi la loi sur la violence psychologique et le harcèlement moral dans la vie privée n'est-elle pas appliquée ?
Hincker Laurent
La violence physique dans les familles est toujours précédée d'une violence psychologique. Il s'agit bien d'une guerre qui ne dit pas son nom. Violences psychologiques, harcèlement moral, qui tuent à petit feu, la question de la violence dans la vie privée est au cœur de notre vivre-ensemble. La réflexion de l'auteur se déploie dans une démarche visionnaire d'anthropologue juridique, démarche qui cherche à comprendre les enjeux humains et sociaux dans les fondements du droit.
(Coll. Antidotes, 20.00 euros, 18 p.)
ISBN : 978-2-336-00245-3, ISBN EBOOK : 978-2-296-51183-5

MÉDIATION PÉNALE (Nouvelle édition)
Mbanzoulou Paul
La médiation pénale permet d'apporter une réponse judiciaire globale face à la petite et moyenne délinquance sans déclencher le processus pénal classique, grâce à la proposition d'une solution transactionnelle entre l'auteur des faits et sa victime. A jour des dernières évolutions législatives et réglementaires, cet ouvrage questionne le cadre de la médiation pénale en France.
(Coll. Sciences criminelles, 13.50 euros, 120 p.)
ISBN : 978-2-336-00474-7, ISBN EBOOK : 978-2-296-51202-3

L'HARMATTAN, ITALIA
Via Degli Artisti 15; 10124 Torino

L'HARMATTAN HONGRIE
Könyvesbolt ; Kossuth L. u. 14-16
1053 Budapest

ESPACE L'HARMATTAN KINSHASA
Faculté des Sciences sociales,
politiques et administratives
BP243, KIN XI
Université de Kinshasa

L'HARMATTAN CONGO
67, av. E. P. Lumumba
Bât. – Congo Pharmacie (Bib. Nat.)
BP2874 Brazzaville
harmattan.congo@yahoo.fr

L'HARMATTAN GUINÉE
Almamya Rue KA 028, en face du restaurant Le Cèdre
OKB agency BP 3470 Conakry
(00224) 60 20 85 08
harmattanguinee@yahoo.fr

L'HARMATTAN CAMEROUN
BP 11486
Face à la SNI, immeuble Don Bosco
Yaoundé
(00237) 99 76 61 66
harmattancam@yahoo.fr

L'HARMATTAN CÔTE D'IVOIRE
Résidence Karl / cité des arts
Abidjan-Cocody 03 BP 1588 Abidjan 03
(00225) 05 77 87 31
etien_nda@yahoo.fr

L'HARMATTAN MAURITANIE
Espace El Kettab du livre francophone
N° 472 avenue du Palais des Congrès
BP 316 Nouakchott
(00222) 63 25 980

L'HARMATTAN SÉNÉGAL
« Villa Rose », rue de Diourbel X G, Point E
BP 45034 Dakar FANN
(00221) 33 825 98 58 / 77 242 25 08
senharmattan@gmail.com

L'HARMATTAN TOGO
1771, Bd du 13 janvier
BP 414 Lomé
Tél : 00 228 2201792
gerry@taama.net

Achevé d'imprimer par Corlet Numérique - 14110 Condé-sur-Noireau
N° d'Imprimeur : 102279 - Dépôt légal : octobre 2013 - *Imprimé en France*

www.ingramcontent.com/pod-product-compliance
Lightning Source LLC
LaVergne TN
LVHW010931061026
849535LV00007B/2338
* 9 7 8 2 3 4 3 0 1 3 1 8 3 *